Avoir confiance en soi

Éditions d'Organisation
1, rue Thénard
75240 Paris Cedex 05
www.editions-organisation.com

Du même auteur

Repartir, 1994, Challenge d'Aujourd'hui.
Je reste ou je pars, 1992, Dunod.

Dans la même collection

- Sarah FAMERY, *Arrêter de culpabiliser*, 2001.
- Guyette LYR, *Oser s'exprimer en public*, 2001.

ISBN : 2-7081-2604-0

Sarah FAMERY

Avoir confiance en soi

Deuxième édition

Éditions d'Organisation

« La confiance en soi n'est pas à trouver
à l'extérieur, mais à redécouvrir
de *l'intérieur* »

SOMMAIRE

Troisième Partie

Que faire pour retrouver confiance en soi ?

Chapitre 6

Chapitre 7

Confiance !

Un « mal » très répandu

On le sait, ça se voit, on le dit…

Nous sommes très nombreux, quel que soit notre âge, notre niveau de réussite, nos origines, notre situation objective, à manquer ou à dire que nous manquons de confiance en nous.

Difficulté à communiquer, doute sur ses potentiels, réelle inhibition dans un domaine donné, ou bien encore peur de la vie, on évoque le « manque de confiance en soi ».

On dit, de l'enfant timide, effacé, de l'adolescent qui échoue dans ses études ou dans ses relations avec les autres, de l'adulte qui ne sait pas se valoriser ou ne réussit pas à s'affirmer, qu'ils manquent de confiance en eux.

De fait, le manque de confiance est très répandu, et même, quand nous « avons confiance », il est rare qu'il n'y ait pas un domaine de notre vie où nous ne souhaiterions pas être davantage *nous-mêmes.*

De plus, on peut être conscient de son manque de confiance, mais on peut aussi (se) le cacher, pensant, par éducation, ou manque de confiance justement, qu'il s'agit d'une faiblesse que l'on ne peut (s')avouer.

Il questionne tout le monde

Le manque de confiance intéresse et questionne tout le monde.
D'abord, quelle qu'en soit la manifestation, l'ampleur, il a toujours des conséquences négatives sur notre vie, nous pose des problèmes de tout ordre, sans parler de la souffrance, puisque l'on souffre quand on manque de confiance, tant au sens de douleur que celui d'ailleurs, *d'endurance.*

Ensuite, nous en manquons, tous un peu, *quelque part.*
Nous ne sommes jamais totalement, en *toute* occasion, sûrs de nous, et nous savons inconsciemment, que nous ne nous *autorisons* pas tout ce que nous aimerions.

Le manque de confiance, nous le savons, n'est pas lié aux qualités, atouts, réussites objectives, tant il est vrai que certaines personnes ont « tout » pour elles, beauté, intelligence, diplômes, réussites, sans parvenir à avoir confiance en elles, alors que d'autres auraient a priori, beaucoup moins de « raisons » objectives d'être confiantes, et le sont.

Même si nous l'évoquons dans le langage courant, pour expliquer un trait de caractère, nous excuser, excuser quelqu'un d'autre, le mépriser aussi parfois, nous savons que le manque de confiance en soi, au-delà de ce que nous en *voyons,* est un phénomène à la fois *humain* et profond, qui prend loin ses racines.

Enfin, nous sentons, nous *savons,* que le manque de confiance en nous n'est pas *naturel,* pas *normal.*
C'est là d'ailleurs principalement, qu'il nous questionne.

Lever un voile

Alors, pourquoi manque-t-on de confiance en soi ?
Qu'est-ce que le manque de confiance en soi ?
D'où vient-il ? Pourquoi manquons-nous de confiance en nous ?
Pourquoi malgré des « preuves », le manque de confiance résiste-t-il ?
Pourquoi certaines personnes ont-elles confiance en elles, sans raison objective particulière, quand d'autres en sont privées ?
Y a-t-il un point commun, par exemple, entre la difficulté à s'exprimer et la peur de la vie et quel est-il ?
Comment avoir davantage confiance en soi ?

J'ai souhaité d'abord – pour en avoir *souffert* moi-même –, éclairer ce qu'est le manque de confiance.

J'ai souhaité expliquer *pourquoi* on peut manquer de confiance en soi, donner des clés.
Plus l'on est *conscient* de l'origine d'un problème, plus l'on est en mesure de le dépasser, plus on est *acteur,* plus la difficulté est *en voie* d'être résolue.

J'ai souhaité révéler en « positif », ce que le manque de confiance cache aussi de richesses, de potentiels personnels, ceux-là mêmes que l'on n'ose pas, que l'on a peur de dévoiler…

J'ai souhaité, dans un monde où il faut plutôt se montrer « fort », où il est difficile de reconnaître ses faiblesses (ce qui contribue indirectement, à renforcer le manque de confiance de ceux qui en manquent déjà), déculpabiliser les personnes qui manquent de confiance en elles.

J'ai souhaité *sonder* profondément le manque de confiance.
J'ai souhaité donner des éclairages, plus que des recettes.
En un mot, j'ai souhaité *VOUS* donner davantage confiance.

Pour démarrer une réflexion sur soi-même, pour les personnes qui ont déjà fait un travail sur elles, en complémentarité à toute autre approche…

Pour une première ouverture…
Pour aller plus loin…
Pour mettre le point sur le « i »…
Pour prendre conscience, prendre du recul, se libérer…
Pour faire un lien, y voir plus clair…
Pour cheminer…

1re Partie

Un problème bien posé est déjà à moitié résolu

Avant tout, qu'est-ce que la confiance en soi ?

Avant de définir ce qu'est le « manque de confiance en soi », j'ai préféré partir de la confiance, de cette confiance, qui précisément nous « manque », que nous avons perdue, quand nous « manquons de confiance » en nous.

Perdue...

D'ailleurs, si nous en évoquons le « manque », c'est que *naturellement,* a priori, la confiance devrait nous habiter.

Or, quand nous manquons de confiance en nous, nous oublions presque toujours cette vérité, tant le manque de confiance, d'une certaine manière, est devenu une seconde *nature.*

Nous avons en effet, presque tendance à croire, tout comme l'on est brun ou blond, que nous n'*avons* pas confiance, quand d'autres *ont* confiance.

La confiance en soi, un élan vital

On le sait, dans les moments où l'on se sent « bien », quand on se laisse aller, la confiance est ce qui, sans réfléchir (hormis bien sûr une prudence légitime à observer en fonction des circonstances), nous donne spontanément l'élan pour nous décider, nous lancer, nous affirmer, etc.

De même, nous ne sommes ni choqués ni étonnés, quand nous voyons quelqu'un, un collègue, un ami, qui va facilement vers les autres, sait se mettre en valeur, tenir sa place, prendre en toute simplicité ce qui est bon pour lui.

Profondément, nous savons qu'il est normal, *naturel,* d'être et d'agir ainsi, autrement dit, d'avoir confiance, d'être en confiance.

De fait, la confiance en soi n'est rien d'autre que cette expression naturelle, spontanée, forte, immédiate de nous-mêmes. Notre élan vital, en quelque sorte.

À l'origine, nous avons tous confiance en nous

Oui, au fond, nous le sentons, nous le savons..., la confiance en soi est *naturelle,* et d'une certaine manière, nous l'avons tous au départ.

Elle préexiste.

La preuve : certaines personnes ont et gardent confiance en elles, malgré tout...

J'insiste vraiment, car croire que nous n'avons pas confiance en nous, renforce l'idée, que « c'est comme ça » et qu'il est difficile de changer.

Croire, par contre, que nous l'*avions,* ORIGINELLEMENT, mais que nous l'avons *perdue,* induit qu'*elle est en nous* et qu'il suffit de nous (re)mettre sur la voie pour la *retrouver.*

Avoir confiance en soi = avoir confiance en QUI l'on est

Pour aller un peu plus loin, « avoir confiance en soi », n'est rien d'autre, et ceci n'a rien d'un jeu de mot, que d'avoir confiance en *QUI* nous sommes.

En effet, c'est uniquement en nous, en ce que nous sommes, en qui nous *sommes,* que nous pouvons vraiment avoir confiance.

De fait, nous ne pouvons jamais, qui que nous soyons, *être* le tout. Nous n'avons jamais toutes les capacités, toutes les qualités, toutes les beautés, toutes les formes d'intelligences, toutes les forces, toutes les nuances de sensibilités..., qui alors peut-être, pourraient nous donner la confiance absolue, totale.

C'est pourtant souvent inconsciemment ce que nous souhaiterions et imaginons nécessaire pour avoir confiance. Avoir toutes les qualités, pour pouvoir enfin, avoir confiance en nous, au lieu justement, d'avoir vraiment confiance en *nous.*

La *vraie* confiance ne peut être conditionnelle.

« J'aurais confiance si j'avais telle qualité, tel physique, tel diplôme »... Or, la majeure partie du temps, c'est faux : nous n'aurions pas davantage confiance.

La confiance, que nous avons ou non en nous, existe en réalité, indépendamment des réussites, des échecs, des atouts ou handicaps objectifs.

Certaines personnes ont confiance, gardent confiance en elles, alors qu'elles ont, au départ, des handicaps, ou qu'elles connaissent de gros revers.

D'autres, perdent ou n'ont absolument pas confiance en elles, alors qu'elles ont « tout » : succès, intelligence, beauté...

Bien sûr, les réussites, les succès la renforcent, mais la confiance en soi est vraiment indépendante des situations objectives, et d'ailleurs, devrait même, en réalité, le rester !

La *vraie* confiance est uniquement d'avoir confiance en *QUI* nous sommes, en d'autres termes, tels que la nature nous a fait, avec *nos* caractéristiques physiques, *nos* qualités, *nos* atouts, *nos* forces.

Nous ne pouvons de toute façon, avoir confiance qu'en ce que nous *sommes,* dans la mesure où, sans avoir toutes les qualités, nous avons tous, avec nos différences et nos handicaps, des atouts, *nos atouts,* pour plaire, être aimé, réagir, réussir, nous battre, nous défendre, créer, apprendre, etc.

Dans *tous* les cas, nous avons des capacités, les *nôtres.*

Avoir confiance en soi = avoir la FOI en qui l'on est

Tout comme a priori (en dehors de pathologies particulières), nous avons, au-delà de son apparence et sans y penser, confiance en notre corps qui se développe et grandit, la confiance en nous-même n'est rien d'autre que la FOI* en *qui nous sommes,* la FOI en *nos* capacités physiques, affectives, intellectuelles, *nos* qualités, *nos* atouts, quels qu'ils soient et comme ils sont, puisqu'ils sont et que c'est là, leur force et la *nôtre.*

Oui, au fond, qu'est-ce que la confiance en *nous-mêmes,* si ce n'est la FOI en ce qui nous est *naturellement* donné.

Encore un mot…

---

* CONFIANCE et FOI ont la même racine.
CONFIANCE signifie : avec la FOI…

Mais pourquoi avons-nous perdu la FOI en qui nous sommes ?

Si nous avons perdu confiance *en nous,* la FOI en *nos* capacités, c'est qu'on nous l'a fait perdre, que l'on nous a fait douter.

C'est aussi que nous nous connaissons mal ou pas suffisamment, pour justement, avoir FOI *en nous.*

Si vous le souhaitez, demandez-vous dès à présent, le plus librement possible, ce qui a pu vous faire perdre confiance, FOI en vous ? FOI en qui vous êtes ?

Avoir confiance en *vous*

=

Avoir confiance en *QUI* vous êtes

=

Avoir la FOI *en qui* vous êtes

Chapitre 1

À présent, y voir clair

Avant tout, il est indispensable de voir clair.

De VOIR d'abord…

Regarder les choses en face, en toute simplicité, est essentiel pour être plus conscient donc plus libre d'agir.

Le plus CLAIR possible, ensuite…

Plus l'on sait précisément ce que l'on cherche à résoudre, et plus vite a priori, on trouve la solution pour soi, ou pour la personne de l'entourage que l'on cherche à aider : un enfant qui échoue, un conjoint qui a du mal à s'affirmer, un collaborateur qui ne saisit pas une possibilité d'évolution, etc.

D'abord, cerner le problème

Nous évoquons le « manque de confiance en soi » pour désigner des réalités si différentes, tant dans leur nature (difficulté à faire des choix, à se valoriser, à se lancer), que dans leur ampleur (difficulté à prendre la parole en public, jusqu'à l'incapacité à être soi-même), qu'il paraît essentiel de cerner tout d'abord le problème.

Nous évoquons même parfois, le manque de confiance en l'une de nos qualités, de nos capacités : « Je n'ai pas confiance en mon esprit d'analyse », « Je n'ai pas confiance en mes goûts », « Je n'ai pas confiance dans ma capacité à réussir », etc.

Alors, de *quel* manque de confiance exactement s'agit-il ? Jusqu'*où* va-t-il ? Quel est le premier maillon de la chaîne ? En quoi, précisément, n'avez-vous pas confiance ?

Outre les raisons profondes de notre manque de confiance, nous ne voyons pas toujours clair, ni dans l'étendue du « mal », ni dans sa nature exacte.

Nous pouvons avoir repéré notre manque de confiance dans le domaine professionnel, sans voir qu'il joue également dans le domaine personnel, ou l'inverse.

Nous pouvons manquer de confiance dans nos relations sans voir notre difficulté à prendre des décisions…

Nous ne faisons pas non plus toujours, tous les liens…

Nous ne réalisons pas toujours *toutes* les conséquences que notre manque de confiance peut avoir sur notre vie, ou nous attribuons au « manque de confiance en soi », une difficulté dont l'origine est toute autre.

Nous pouvons enfin, penser manquer de confiance en nous, sans en manquer, et inversement, en manquer, sans nous en rendre compte.

Des manques de confiance au manque de CONFIANCE

Quand nous parlons de « manque de confiance », il est important, tout d'abord de prendre conscience, que nous évoquons aussi bien la cause que la conséquence.

En effet, la principale source de confusion vient du fait, que nous désignons, la plupart du temps, à travers le « manque de confiance », aussi bien sa manifestation visible, concrète – le symptôme –, que l'origine du problème.

Nous mélangeons la cause et l'effet.

Nous disons de la personne qui n'ose pas se lancer, qu'elle manque de confiance en elle, mais également qu'elle n'ose pas se lancer, parce qu'elle manque de confiance en elle.

Finalement, la plupart du temps, nous ne savons plus de quel *« manque de confiance »* nous parlons : de celui qui se « voit », ou de celui derrière, qui se cache ?

Dans le langage courant, aucune importance, on se comprend.

Par contre, cette confusion brouille les pistes, si nous voulons cerner le « vrai » problème, pour le résoudre.

Aller au fond des choses

En réalité, les « symptômes », quels qu'ils soient, sont toujours l'expression d'un manque de CONFIANCE en soi.

La cause, l'origine des différents « manques de confiance en nous », manifestes, visibles, est toujours le manque de CONFIANCE en soi, le manque de FOI en soi. Ce qui, immédiatement, déplace le problème.

La peur de s'affirmer est un manque de confiance, et l'expression du manque de CONFIANCE/FOI en soi.

Faire cette distinction, entre le manque de CONFIANCE en soi et ses différentes manifestations, que l'on appelle, justement souvent, « manque de confiance en soi », est presque incontournable, si l'on veut vraiment s'attaquer au problème, et remonter directement à sa source.

Vous résoudrez d'autant mieux votre « manque de confiance » manifeste, visible (ne pas oser vous lancer), que vous restaurerez votre CONFIANCE *en vous* (l'origine du problème).

En effet, on risque, à s'arrêter au symptôme, de ne pas aller au fond des choses, et du coup, de chercher des recettes.

D'autre part, faire cette distinction, permet d'isoler et de cerner ce qu'est le MANQUE DE CONFIANCE, pour mieux l'appréhender, le comprendre, et probablement plus vite aussi, retrouver *sa* CONFIANCE.

POUR QUE TOUT SOIT CLAIR

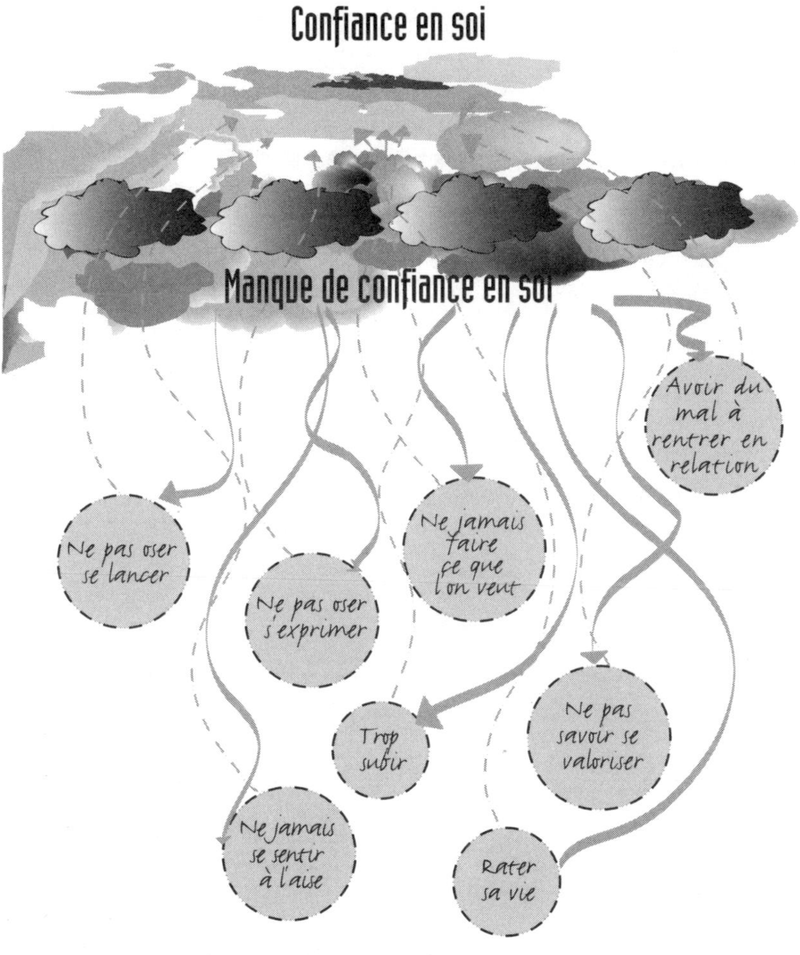

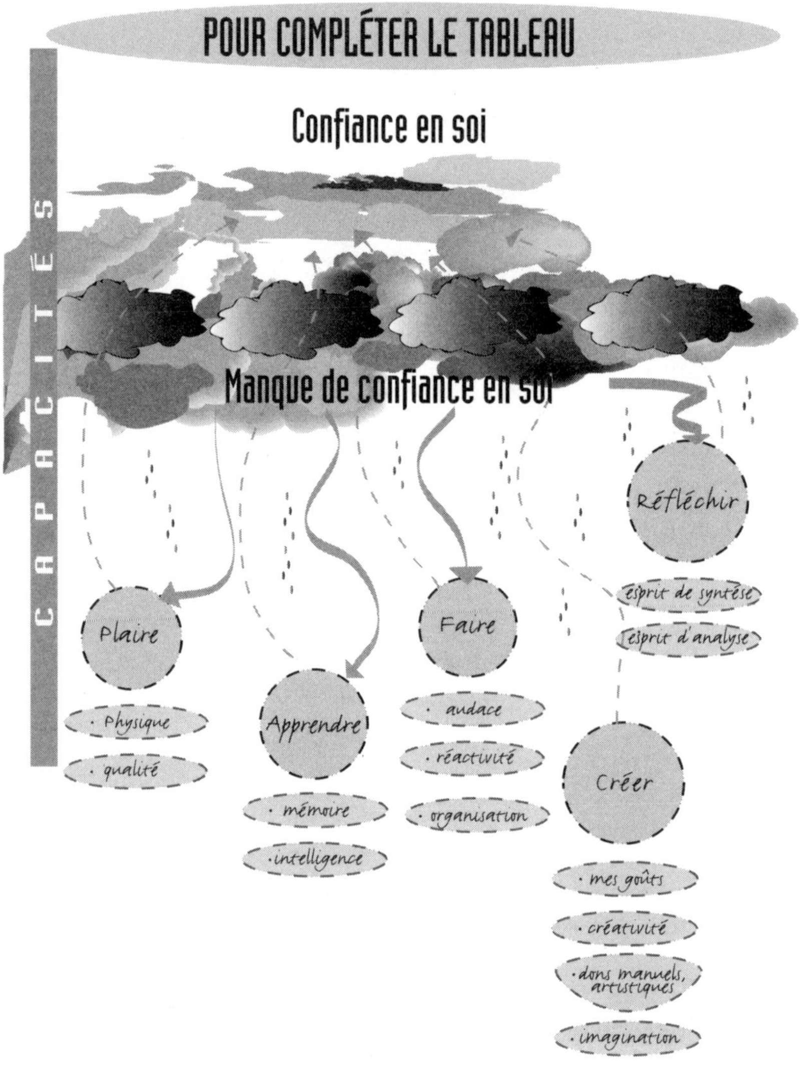

À ce propos, aviez-vous pensé à toutes ces facettes de VOUS-MÊME ?

Manque de confiance en ce que l'on est, ce que l'on veut, ce que l'on peut...

Quand nous manquons de CONFIANCE en nous, de CONFIANCE en *QUI* nous sommes, nous manquons

en fait, plus précisément, de confiance soit en :

- ce que nous sommes.
- ce que nous pouvons.
- ce que nous voulons.

C'est pourquoi nous pouvons douter de nos désirs, mais non de nos potentiels, ou vice versa, de notre valeur, mais pas de nos désirs, etc.

Il s'agit toujours de l'expression du manque de CONFIANCE, mais ce sont, d'après moi, trois formes, trois *natures* différentes de manque de confiance.

Ces trois « manques » ne se traduisent pas d'ailleurs, de la même manière, et n'entraînent pas concrètement, les mêmes difficultés.

Chacun provoque des « symptômes » différents, dans des domaines et sur des plans différents.

Faire cette distinction est important d'abord, pour continuer à cerner le « problème », le vôtre peut-être...

Ensuite, parce que, identifier et nommer clairement le manque de confiance en ce que nous sommes, pouvons, ou voulons, permet d'interpeller immédiatement la conscience profonde de ce que vous êtes, pouvez, voulez, et de (re)mobiliser ainsi, plus rapidement ces trois forces, ces trois énergies.

Évidemment, il existe un lien entre ces trois manques de confiance.

Le manque de confiance en ce que l'on peut, fait davantage manquer de confiance en ce que l'on veut.

Derrière le manque de confiance en ce que l'on peut, se cache parfois le manque de confiance en ce que l'on veut.

Enfin, le manque de confiance en ce que l'on est, fait davantage manquer de confiance à la fois, en ce que l'on peut, et en ce que l'on veut.

Le manque de confiance en ce que l'on est..., en ce que vous êtes ! ?

Manquer de confiance en ce que l'on est, c'est ne pas regarder *qui* l'on est, ne pas s'accorder de Valeur.

C'est uniquement – ou presque – voir ce que l'on n'est pas.

Manquer de confiance en ce que *vous êtes,* c'est :

- ne voir que vos côtés négatifs : défauts, limites, échecs, ce que vous n'êtes pas, ce que vous n'avez pas…
- ne jamais voir vos qualités.
- même souvent, ne pas voir que vous en avez, ou penser qu'elles sont « normales », « banales » – entendre – sans intérêt, sans valeur donc.
- ne pas *vous* voir.
- ne jamais voir les audaces qu'un jour vous avez eues.
- ne jamais réaliser votre Valeur.
- ne pas valoriser votre passé ou vos origines.
- ne jamais valoriser vos expériences.
- avoir l'impression que vous n'avez rien fait dans votre vie, de votre vie.
- toujours vous dévaloriser, passer après.

- toujours vous voir en « creux », en négatif.
- parfois même, ne pas *vous regarder,* au sens figuré, comme au sens réel souvent aussi.

  …

En langage courant…

C'est trop souvent – mais sincèrement ! –, vous trouver : *« rien de génial », « moyen », « moche », « nul », « bon à rien », « mauvaise mère », « mauvaise épouse », « mauvais mari », « jamais à la hauteur »…*
Les réussites sont *« normales »…*

Les autres sont toujours *« beaucoup mieux ».*
…

Les principales difficultés

Selon les cas, vous avez des difficultés à aller vers les autres, du simple contact à la relation profonde, tant dans les relations amicales, sociales, qu'amoureuses.

Vous êtes émotif, timide, susceptible, trop effacé.
…

Les comportements et/ou les signes

- Vous craignez toujours de n'avoir pas fait assez.
- Vous vous mettez trop souvent au service des autres.
- Vous ne vous mettez jamais en valeur, ou très rarement.
- Parfois vous comparez, vous enviez, vous jalousez.

- Fréquemment, vous aimeriez « être comme »…
- Pour « être mieux » ou pour rehausser votre propre image à vos yeux, vous vous forcez souvent à des épreuves : exercices physiques, régimes, défis, formations à répétition…
- Régulièrement, vous vous fatiguez trop.
- Oui, trop souvent vous souhaiteriez « être comme », et vous y perdez une partie de *vous-même*.
- Vous êtes rarement satisfait, voire jamais.
- Vous voulez toujours mieux, ou à l'inverse vous ne cherchez jamais mieux !
- Vous voulez toujours faire mieux, ou à l'inverse vous ne cherchez jamais à faire mieux. Vous pensez que vous ne le méritez pas !…

  …

C'est aussi une peur

Celle de décevoir.

… Et au plan émotionnel

Toujours la peur du rejet, de ne pas être aimé, accepté…

Le manque de confiance, en ce que l'on peut,… en ce que vous pouvez ! ?

Le manque de confiance en ce que l'on peut, c'est essentiellement douter de sa capacité à faire, à réussir, à persévérer, à obtenir, à évoluer.

Vous ne prenez jamais en compte vos potentiels, vos atouts pour réussir.

Comme pour les qualités, vous ne voyez souvent même pas, que vous en avez.

Vous ne voyez ni vos acquis, ni vos moyens objectifs.

Manquer de confiance en ce que vous pouvez, c'est toujours rester en deçà de vos possibilités, ou dire que vous ne les avez pas.

C'est toujours freiner, retarder l'échéance, différer, reculer, renoncer parfois…

C'est ne pas vous sentir capable, « en mesure de », « en état de »…

C'est ne pas vous sentir la force, le courage d'oser vous confronter.

C'est ne pas saisir une opportunité.

C'est refuser d'évoluer. Ou alors, on « meurt » de peur !

C'est vous sous-estimer.

…

En langage courant…

« Je ne pourrai pas », « Je ne suis pas capable », « Ce n'est pas possible », « Ce n'est plus possible », « Je n'ai pas la formation », « Je n'ai pas le diplôme », « Je ne l'ai jamais fait », « C'est trop difficile », « Je n'y arriverai pas », « L'autre sera meilleur ».

…

Même sans réellement manquer de confiance en soi, qui peut dire qu'il n'a pas de temps en temps, ces petites phrases dans la tête ?

Dans le domaine professionnel, personnel ?

Les principales difficultés

Difficulté à vous valoriser, à vous « vendre ».

Difficulté à prendre des responsabilités, à évoluer.

Vous êtes souvent stressé, anxieux.

Vous êtes frileux.

Les comportements et/ou les signes

Vous manquez d'audace, d'élan, d'enthousiasme.

Il vous manque souvent le déclic.

Vous perdez du temps.

Vous vivez des situations qui ne vous conviennent pas.

Vous avez du mal à vous lancer.

Vous vous ennuyez.

Vous avez des difficultés à vous défendre.

Vous avez du mal à avancer dans la vie.

Vous avez un très fort besoin de reconnaissance.

Vous voulez toujours faire mieux.

Vous ne voulez jamais faire mieux.

Vous ne voulez jamais rien tenter de nouveau.

Vous ne pensez pas pouvoir vous assumer seul.

Vous ne pensez pas pouvoir mener deux choses en même temps.

Vous ne pensez pas pouvoir rattraper une situation…

…

C'est aussi une peur

Celle de l'échec.

… Et au plan émotionnel

Ce sont les blocages, la peur.

Le manque de confiance en ce que l'on veut…, en ce que vous voulez ?

Le manque de confiance en ce que l'on veut, c'est toujours douter de ce que l'on désire ou ne pas le reconnaître.

Manquer de confiance en ce que vous voulez, c'est ne pas savoir ce que vous voulez, souvent même, ne pas chercher à le savoir, comme si vous n'en aviez pas le droit, comme si ce n'était pas légitime.

C'est douter, voire ignorer que vous pouvez désirer autre chose que ce que vous vivez ou avez.

À l'écrire, et j'imagine pour vous à le lire, cela paraît presque absurde, tant on voit à quel point c'est se nier, ne pas exister, voire même, ne pas remplir son *devoir* d'être adulte !

Pourtant, le manque de confiance en ce que l'on veut est beaucoup plus fréquent qu'on ne le pense. Tant dans le domaine professionnel, que personnel.

D'ailleurs, très souvent, bien qu'approximativement satisfait d'une situation, d'une relation, d'un poste, nous n'osons pas, nous avons même du mal à imaginer améliorer les choses, pour qu'elles soient plus proches de notre désir, de nos désirs.

En langage courant...

« Je n'y peux rien », « Je ne vois pas comment changer cela », « Il est trop tard », « Je ne sais pas ce que je veux », « J'ai tout râté », « Tant pis », « Je n'arrive jamais à me décider », « C'est comme ça », « Je n'ai pas le choix », « Je ne vois pas clair »...

Ces phrases répétitives ou ponctuelles doivent vous faire réfléchir.

Les principales difficultés

Vous prenez difficilement des décisions.

Vous avez du mal à envisager ou à concrétiser un changement, surtout s'il va dans le sens de ce que, profondément, *vous voulez.*

Vous pouvez être inquiet, excité... ou triste.

Vous ne voyez pas clair dans vos sentiments amoureux.

Vous ne voyez pas clair dans vos choix professionnels.

Vous n'êtes pas avec le/la partenaire qui vous convient, ou vous ne vivez pas la relation que vous souhaiteriez.

Vous avez des difficultés à vous en tenir à ce que vous vous étiez promis…

Les comportements et/ou les signes

Vous doutez de vos désirs.

Vous hésitez beaucoup.

Vous doutez toujours.

Vous rêvez.

Vous revenez sans cesse sur vos décisions.

Vous pesez indéfiniment le pour et le contre.

Vous trouvez toujours une bonne raison de ne pas faire…

Vous n'écoutez pas vos désirs, vos souhaits, vos aspirations.

Vous ne vous faites pas vraiment plaisir (car se faire vraiment plaisir, c'est faire ce que l'on veut).

Vous vous laissez faire par les autres, vous subissez.

Souvent, vous vous soumettez.

Vous voulez « faire comme les autres ».

Vous avez besoin de modèles.

Vous vous trouvez toujours des empêchements, des obstacles pour ne pas réaliser ce que vous souhaitez.

Vous êtes parfois irréaliste.

Vous vous surchargez de travail pour ne pas penser.

Vous êtes parfois trop critique.

Vous vous dispersez, vous avez trop de projets.

C'est aussi une peur

Celle de vous engager vraiment, complètement.

(surtout dans une voie qui est la vôtre.)

… Et au plan émotionnel

Doutes.

Le manque de confiance… Où et jusqu'où ?

Si vous manquez un peu, beaucoup, de confiance en vous, j'attire votre attention sur l'intérêt que vous pouvez avoir à découvrir ce que peut-être vous n'aviez pas encore vu clairement.

Il est important en effet, d'identifier où, le manque, votre manque de CONFIANCE joue, et joue le plus, d'en mesurer l'ampleur, la profondeur exactes.

Ce qui abîme le plus, n'est pas toujours, a priori, évident à repérer.

Parfois, le manque de confiance nous atteint beaucoup plus que nous le pensons.

Inversement, nous le croyons sans fond, alors qu'il est en fait beaucoup plus limité, plus circonscrit.

Nous pouvons aussi, ne rien avoir « vu ».

POUR MIEUX FAIRE LA PART DES CHOSES

Confiance en soi

Manque de confiance en ce que je suis

- difficulté à se valoriser
- difficultés relationnelles
- se soumettre, subir
- difficulté à se lancer

Manque de confiance en ce que je peux

- difficulté à avancer, à progresser, se lancer
- difficulté à changer
- difficulté à réaliser, concrétiser
- difficulté à évoluer
- difficulté à décider
- se dévaloriser
- se soumettre

Manque de confiance en ce que je veux

- difficulté à choisir
- difficulté à s'engager
- difficulté à progresser
- difficulté à réaliser, passer à l'acte
- se soumettre

Nous pouvons enfin, nous connaître un blocage, une difficulté (le manque d'autonomie par exemple), et ne pas faire le lien avec le manque de confiance.

L'important pour vous, n'est pas de regarder ce que vous saviez déjà, mais de voir ce que vous n'aviez pas vu, de faire les liens, même si vous n'avez pas toujours envie de savoir, de tout « voir ».

Dans quels domaines et sur quels plans ?

Outre sa nature et sa forme spécifique, le manque de CONFIANCE peut se manifester dans des domaines et sur des plans différents.

Voici quelques indications rapides pour mieux voir où peut jouer ou plutôt vous « abîmer », votre manque de CONFIANCE.

Dans quels domaines ?

Le manque de CONFIANCE peut jouer dans plusieurs domaines :

- Le domaine personnel : équilibre, relations amoureuses, amicales, bien-être intérieur…
- Le domaine familial : climat, relations conjugales, parentales…
- Le domaine professionnel : épanouissement, évolution, réussite…
- Le domaine social : activités, prise de position…
- Le domaine matériel : finances, logement, biens matériels…

Sur quels plans ?

Très synthétiquement, le manque de CONFIANCE peut jouer sur différents plans :

- Le plan des « actes », des actions : savoir ou non décider, choisir, agir, réagir, évoluer, changer, se « battre », etc.
- Le plan des relations aux autres, et plus précisément : la facilité de contacts, la facilité de communication, l'aisance, la variété, la qualité des relations.

Quels en sont les principaux signes ?

Nous « voyons », nous repérons que nous manquons de CONFIANCE en nous, au travers de signes.

Certains sont évidents, d'autres, nous le verrons, sont plus difficiles à détecter.

- Nos états intérieurs : stress, malaise, tension, anxiété, appréhension…
- Nos comportements : manque de courage, d'audace, d'aisance…
- Nos réalisations : réussites ou échecs, et très concrètement les situations objectives dans lesquelles nous nous trouvons.

Jusqu'où ?

On peut croire notre manque de confiance léger, superficiel, alors qu'en réalité on s'abîme beaucoup, et qu'il est très profond.

COMMENCEZ VOTRE AUTO-DIAGNOSTIC

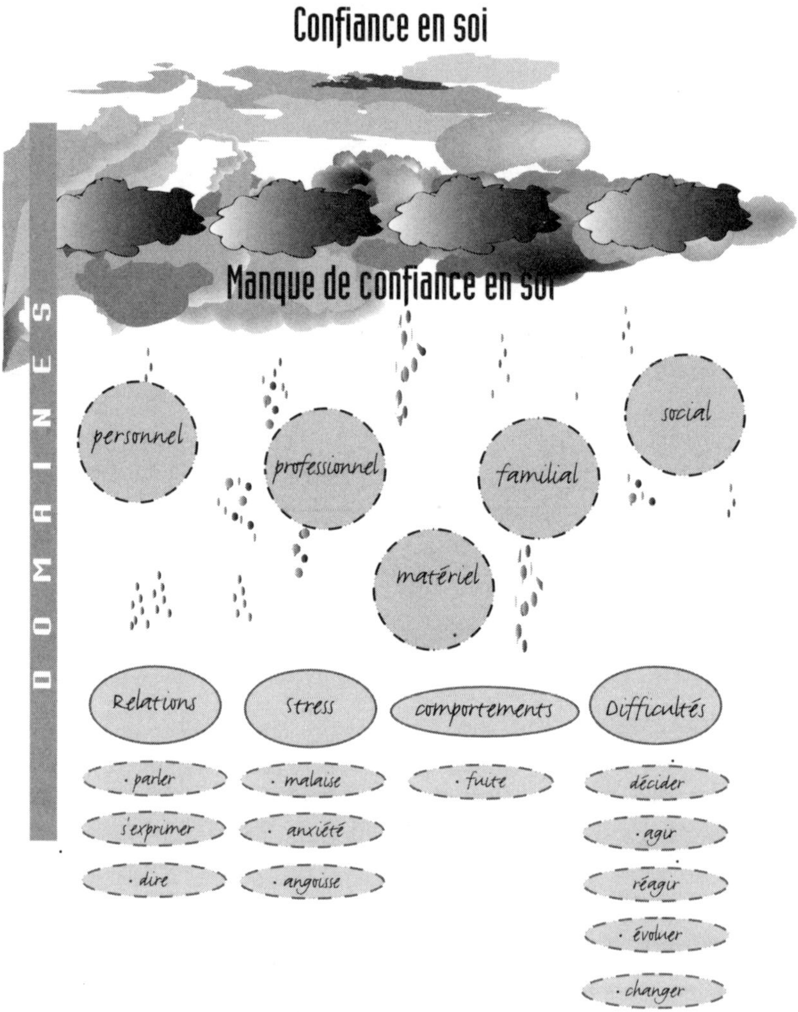

À l'inverse, on peut penser souffrir d'un énorme manque de confiance, quand il ne s'agit que d'une légère appréhension ou d'une hésitation presque légitime.

Cela ne signifie pas forcément s'en satisfaire, mais il faut alors dédramatiser, surtout si vous avez tendance à vous culpabiliser de manquer de confiance en vous.

Il est normal d'éprouver parfois une appréhension, une gêne, une angoisse même.

Toutefois, peut-être votre manque de confiance, est-il plus profond que vous ne le pensez ?

Il sera alors temps de le, et de *vous* prendre au sérieux.

À l'inverse, il se peut qu'au fond, vous ayez plutôt CONFIANCE.

Dans ce cas, tant mieux !

Consciente, la CONFIANCE en est d'autant plus forte pour nous permettre d'aller toujours un peu plus loin.

Mais où joue-t-il encore ?

Que nous ayons ou non conscience de manquer de confiance en nous, nous en repérons très rarement tous les effets, toutes les conséquences.

Nous ne prenons pas toujours le temps, de « voir ». Nous avons *mal,* donc nous nous protégeons. Nous nous sentons coupable un peu aussi.

Ainsi, nous ne « voyons » pas toujours, même si nous sommes les premiers à en souffrir, toutes les conséquences.

L'intérêt de tout « voir », là encore, est de pouvoir se libérer plus facilement.

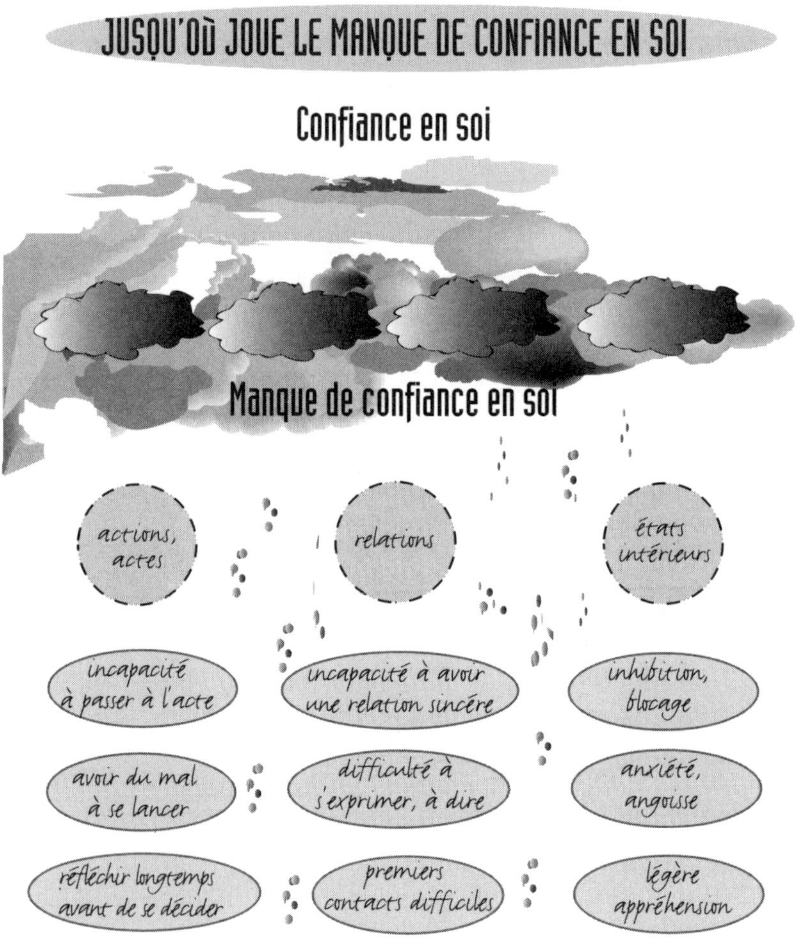
JUSQU'OÙ JOUE LE MANQUE DE CONFIANCE EN SOI
Confiance en soi
Manque de confiance en soi
actions, actes
relations
états intérieurs
incapacité à passer à l'acte
incapacité à avoir une relation sincère
inhibition, blocage
avoir du mal à se lancer
difficulté à s'exprimer, à dire
anxiété, angoisse
réfléchir longtemps avant de se décider
premiers contacts difficiles
légère appréhension

Dans quels domaines (suite)...

On ne « voit » évidemment pas toujours ce qui saute aux yeux.

Ainsi, vous pouvez vous sentir épanoui dans votre vie familiale, sans du tout avoir pris conscience que vous restez en deçà de vos potentiels professionnellement.

Vous avez peut-être repéré votre difficulté à vous affirmer dans votre vie personnelle (trouver un partenaire qui vous convient), pensant par contre, vous exprimer professionnellement, alors que vous ne faites pas vraiment ce que vous voulez.

Vous savez peut-être que votre manque de confiance vous joue des tours dans vos relations professionnelles (avoir du mal à intervenir en réunion par exemple), sans vous rendre compte que vos relations affectives avec vos proches ne sont pas vraiment épanouissantes ni celles que vous souhaiteriez.

etc.

En dehors des « blocs » – professionnel/personnel –, le manque de confiance peut également jouer dans des domaines plus subtils de notre vie, moins repérables, car moins valorisés socialement.

La vie de tous les jours... On peut en effet, connaître une belle réussite professionnelle et familiale, mais ne pas avoir suffisamment CONFIANCE pour sourire à un inconnu, parler de choses qui n'ont pas d'utilité directe, parler de soi, comme si, en dehors des rôles à jouer, de fonctions à remplir, des devoirs à accomplir, l'on ne pouvait pas d'une certaine manière, être apprécié seulement pour soi, pour rien d'autre.

La vie intérieure...

Nous pouvons manquer tellement de confiance en nous, que nous n'avons pas de vie *intérieure.*

Pensant n'avoir aucune *valeur* en dehors de l'action, craignant de ne rien trouver d'intéressant à l'intérieur, nous refusons en quelque sorte de nous occuper davantage de *nous-mêmes...*

Nous ne voyons parfois même pas, ce que signifie *notre vie intérieure.*

Sur quels plans ?

Outre les domaines, il est presque encore plus difficile de tout repérer, sur *tous* les plans.

On peut avoir repéré le manque de confiance au plan relationnel, sans s'être rendu compte, qu'il nous empêchait de faire des choix, de prendre des décisions.

Inversement, on peut avoir repéré une difficulté à se lancer, sans être conscient d'un blocage au niveau des relations affectives profondes.

Plus finement encore, car sur le même plan :

On peut avoir perçu des difficultés dans ses contacts avec les autres, sans avoir pris conscience que l'on se posait toujours en situation d'infériorité.

On peut avoir repéré une difficulté de communication à un niveau superficiel (ne pas s'exprimer facilement), et pas du tout sur un plan plus profond (ne pas être en mesure d'« entendre » ce que dit l'autre).

Sur le plan des actes, on peut avoir perçu ses hésitations face à une décision, mais pas sa difficulté à s'engager, etc.

Bien sûr, entre « plans » et « domaines », toutes les combinaisons sont possibles.

On peut avoir une difficulté à évoluer dans le domaine professionnel, et à communiquer dans le domaine personnel.

Et aussi, sous quelle autre forme ?

Je fais un rappel, mais vous allez le voir, qui a toute son importance.

Si l'on se réfère au manque de confiance en ce que l'on est, ce que l'on veut, ce que l'on peut, nous pouvons avoir perçu en effet, nos immenses doutes quant à nos capacités, mais ne pas avoir pris conscience que nous n'écoutions pas nos vrais désirs.

De même nous pouvons être sûr de nos compétences et potentiels professionnels, et ne pas avoir réalisé que nous craignons toujours d'être « rejeté ».

Avec quels autres effets ?

Enfin, il est important de faire le lien avec certains de nos comportements, certains de nos traits de caractère, et de pouvoir repérer, là aussi, ce que concrètement, notre manque de confiance, risque de nous entraîner à faire.

★ *Sur nos traits de « caractère »…*

Souvent, on ne réalise pas à quel point le manque de confiance a des incidences sur nos traits de caractère, et peut ainsi, finir indirectement, dans certains cas, par nous poser d'autres problèmes !

Voici quelques traits de caractère, dus souvent au manque de confiance.

- Rigidité.
- Trop d'exigence.
- Orgueil.
- Dureté, manque d'indulgence.
- Manque d'ouverture, de curiosité.
- Jalousie.
- Perfectionnisme.
- Susceptibilité.
- Agressivité.
- Trop « gentil ».
- Difficulté à se remettre en cause, toujours vouloir avoir raison.
- Manque d'autonomie.
- Manque d'autorité.
- « Faiblesse » de caractère.

★ *Sur nos comportements…*

Le manque de confiance a bien sûr des incidences sur nos comportements, mais pas toujours sur ceux que l'on a déjà repérés.…

- Courir après la reconnaissance.
- Craindre le changement.
- Subir ; ne pas voir comment améliorer les choses ou le voir, mais ne pas passer à l'action.
- Refuser les défis ou toujours chercher les défis.
- En faire toujours plus.
- Refuser le « pouvoir » ou vouloir le pouvoir.
- Refuser les responsabilités ou toujours les rechercher.

Nota : Ne vous étonnez pas si le manque de confiance peut générer un comportement et son contraire.
Les deux extrêmes se rejoignent toujours, dans la mesure où ils ont souvent la même origine.

- Être dispersé.
- Être trop serviable.
- Aller au devant du désir des autres.
- Avoir besoin de se sentir indispensable.

✦ *Dans nos relations aux autres…*

Conjoint, ami, enfant, famille, collègues etc.

- Ne pas faire confiance.
- Ne jamais rien demander.
- Toujours tout demander.
- Vouloir tout contrôler.
- Créer des conflits en permanence.
- Chercher à dominer.
- S'effacer complètement.
- Difficulté à déléguer.
- Indifférence.
- Froideur.
- Mutisme.
- Tout garder pour soi.

✦ *Dans le choix de certaines situations…*

Le manque de CONFIANCE nous fait « choisir », la plupart du temps sans nous en rendre compte, ou alors parfois trop tard !, certaines situations ou relations.

- Des situations ou des relations qui alimentent précisément, notre manque de CONFIANCE : situations et/ou relations dévalorisantes, personnes dominatrices.
- Des situations qui conduisent à l'échec : situations, relations qui ne conviennent pas, déstabilisantes, qui ne correspondent pas vraiment à nos désirs, ou pour lesquelles nous n'avons pas les moyens objectifs de réussir.

- Des situations qui rassurent, que l'on maîtrise parfaitement, ou des personnes (conjoint, collègue, partenaires, amis) que l'on domine entièrement et/ou qui ont besoin de nous.
- Des situations frustrantes, dans lesquelles on ne s'exprimera pas entièrement, sous-dimensionnées par rapport à nos potentiels, des contextes, des relations dont on n'a pas envie.

Souvent, du moins dans un premier temps, on ne s'en rend pas compte, puisque l'on manque de confiance en soi !

Poursuivez votre auto-diagnostic...

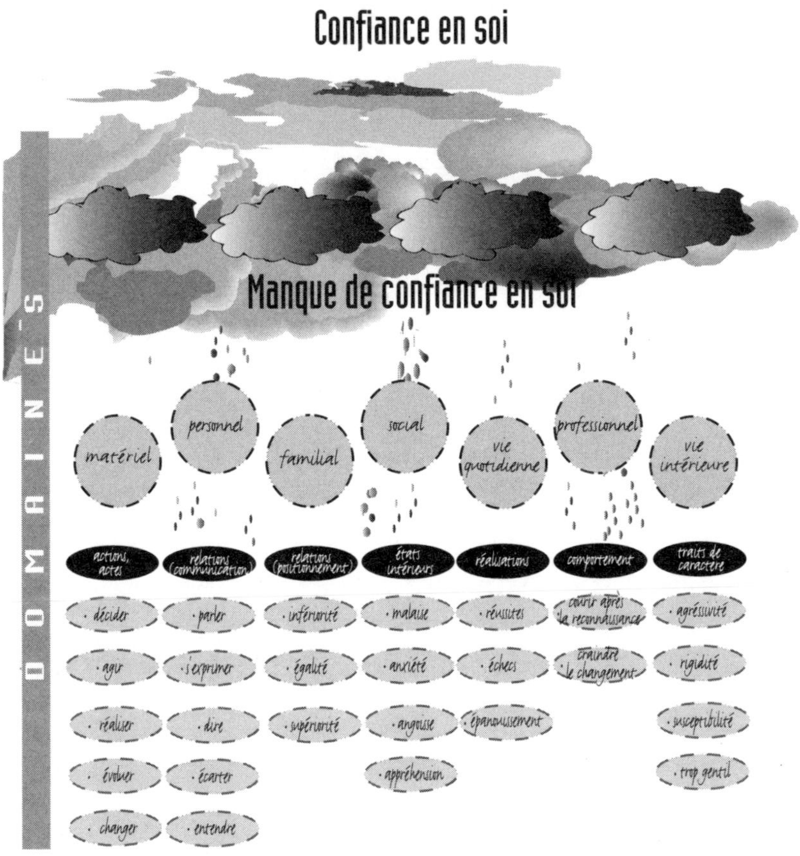

Chapitre 2

Y voir encore plus clair

Finalement… Manquez-vous vraiment de CONFIANCE en vous ?

On peut penser manquer de confiance en soi, mais sans du tout avoir perdu confiance, sans manquer en réalité de confiance.

Une crise passagère

Face à une échéance primordiale, à un moment décisif de l'existence où toute la vie semble en jeu, voire pendant quelques mois, on peut, très ponctuellement, manquer de confiance en soi.

En effet, même quand on a CONFIANCE en soi, il y a des moments de la vie, des contextes où l'on doute.

Une période difficile de transition, de changement, une accumulation d'échecs, une rupture, un licenciement, une crise avec un conjoint ou un patron, peuvent ponctuellement faire perdre confiance en soi, sans que la CONFIANCE ne soit atteinte.

Il est souhaitable alors, de bien faire la part des choses, pour identifier ce/ceux qui nous font douter, et retrouver d'autant plus vite sa CONFIANCE.

Ces pertes de confiance sont en réalité très ponctuelles, et font d'une certaine façon partie de la vie.

D'ailleurs, une fois l'épreuve passée, on y gagne même souvent en CONFIANCE. Ces moments de « crise », de doute, en fait, renforcent notre CONFIANCE.

Si par contre, nous perdons vraiment confiance, c'est qu'elle était superficielle, fragile, que la CONFIANCE était abîmée.

Nous avons tous rencontré des personnes en apparence, sûres d'elles et qui, lors d'une crise professionnelle ou personnelle, perdaient complètement confiance en elles.

Le manque de confiance était sans aucun doute, plus profond, son origine plus ancienne.

Sinon, la crise déstabilise, fait douter, mais n'entame pas, ne détruit pas.

C'est parfois d'ailleurs précisément ce manque de CONFIANCE plus ancien qui, inconsciemment, nous a fait « choisir » la situation ou la personne à l'origine de la crise, comme pour nous prouver que nous avions raison de ne pas avoir confiance en nous.

C'est aussi le manque de CONFIANCE lui-même, qui peut nous avoir, petit à petit, sans nous en être aperçu, conduit réellement à l'échec.

Attention aux modèles dominants

Vous pensez peut-être manquer de CONFIANCE en vous parce que vous vous trouvez « trop introverti », « effacé », vous n'avez pas « d'aventures », vous n'êtes « pas ambitieux », ou bien encore, vous n'êtes « pas à l'aise dans les relations mondaines », etc.

C'est possible, mais vous subissez peut-être tout simplement le poids des modèles dominants, même si ces modèles ne vous correspondent pas, ou ne vous conviennent pas vraiment.

Nous pouvons être en effet, – nous le sommes d'ailleurs, tous un peu – victime de valeurs, d'images, de modèles dominants, de modes aussi.

On est souvent gêné, déstabilisé, questionné, de ne pas correspondre, de ne pas répondre entièrement, à ce que les valeurs dominantes et les modèles exigent.

Toutefois, être un « communicant », être « extraverti », savoir « manager », « réussir », avoir un « projet », n'est évidemment pas pour tout le monde la qualité première, le but à atteindre.

J'ai ainsi rencontré des personnes qui pensaient manquer de confiance en elles.

En réalité, elles n'étaient tout simplement pas comme leur milieu d'origine ou de travail leur indiquaient d'être.

Elles ne collaient pas aux modèles de réussite de notre société, de notre culture.

En fait, elles étaient, pour la plupart, seulement différentes, parfois plus originales ou plus profondes, mais ne manquaient pas vraiment de CONFIANCE en elles.

Elles **en** avaient même parfois plus que d'autres, pour résister et préférer rester *elles-mêmes !*

Là, où l'on peut, dans ce cas, manquer encore un peu de confiance, c'est seulement de ne pas être suffisamment sûr de *soi,* sûr de ses choix, de sa différence, pour ne plus du tout douter.

Si vous vous reconnaissez dans ces lignes, essayez de savoir, par rapport à ce qui vous préoccupe, ce que *vous* voulez vraiment.

Prenez du recul, observez les limites du modèle en question.

Et, voyez vraiment s'il s'agit de CONFIANCE *en vous.*

Si ce qu'indiquent les modèles est réellement ce que *vous* voulez, vous manquez peut-être, en effet, de CONFIANCE *en vous* pour y parvenir.

Sinon, faites-vous seulement davantage CONFIANCE !

Il s'agit peut-être carrément d'autre chose !

Enfin, on peut penser manquer de confiance en soi, alors que l'origine de la difficulté est entre autre.

Comme le terme de « manque de confiance » est très courant, et le manque de CONFIANCE en soi, très répandu, on a souvent, face à un blocage, une angoisse, tendance à croire qu'il s'agit d'un manque de confiance.

Or, on peut par exemple, avoir du mal à se valoriser, non par manque de confiance en soi, mais parce que l'on se sent toujours coupable.

On peut avoir du mal à évoluer, non par manque de confiance en soi, mais parce que l'on a peur de grandir.

Il peut aussi y avoir les deux !

Il sera donc toujours important, de trouver la « vraie » raison, ou de détecter, quand il y en a plusieurs mêlées, quelle raison prime sur l'autre.

Le manque de CONFIANCE peut aussi se coupler à un autre blocage, une autre peur.

Là encore, mieux le problème sera posé, plus vite il sera résolu…

Qui cherche, trouve…

Ainsi, en dehors, ou parallèlement au manque de CONFIANCE en soi, sachez qu'il peut y avoir à l'origine de l'une de vos difficultés à vous valoriser, à vous lancer, etc. :

- *La peur de grandir,* c'est-à-dire, préférer d'une certaine manière rester l'enfant, pour continuer par exemple, à se sentir protégé.
- *La peur de l'autorité,* qui peut d'ailleurs être liée à la peur de grandir, voire en être la cause.
- *La peur du conflit…* On ne dira pas ce que l'on pense, ou souhaite, on n'affirmera pas une opinion par crainte du conflit, par crainte d'avoir à se confronter, à s'opposer à quelqu'un, d'avoir à afficher sa propre autorité !
- *La culpabilité.* Cela vous paraît peut-être étrange, mais on peut ne pas oser, ne pas vouloir montrer de quoi l'on est capable, donc dans certains cas réussir, par culpabilité vis-à-vis d'un parent, d'une sœur, d'un frère moins avantagé, d'un conjoint, d'un enfant, ou bien encore vis-à-vis d'un milieu d'origine très défavorisé…
- *La peur de l'échec :* la trop grande envie de réussir, celle de ne pas décevoir, voire de se décevoir, sera bien sûr un facteur inhibant qui peut primer sur le manque de confiance…

- *Enfin, le besoin d'être dans une trop grande maîtrise de soi,* le refus de montrer ses émotions, sa « fragilité », sa « faiblesse », peuvent parasiter l'expression, la communication, bloquer les élans, les changements.

Vous gagnerez toujours à vous demander honnêtement, et dans la mesure du possible, quelle est la « vraie » raison.

Il n'est pas toujours facile, c'est sûr, de l'identifier seul, mais dans tous les cas, cherchez, cela vous mettra toujours sur la voie.

Ne manqueriez-vous pas un peu de CONFIANCE en vous ?

On peut manquer de CONFIANCE en soi et ne pas s'en rendre compte, voire même être très fier de soi.

On peut aussi inconsciemment le savoir, mais pas vraiment vouloir se l'avouer, le regarder en face.

Je veux surtout ici, attirer votre attention, vous mettre en garde, pour vous permettre de regarder le mieux et le plus tôt possible votre manque de CONFIANCE, et éviter peut-être, le cas échéant, certains « dégâts » que vous pouvez provoquer pour *vous-même* et sur votre entourage !

Certains comportements ou attitudes sont très fréquemment, même si nous ne les identifions pas comme tels, les signes d'un manque de CONFIANCE.

Même si ce n'est pas exhaustif, regardez dans les lignes suivantes, si vous vous retrouvez.

Vous pouvez aussi relire les pages précédentes, pour y trouver des « signes », ou les effets du manque de CONFIANCE *en vous.*

À vous de voir.

Afficher une trop grande confiance en soi

- Une trop grande assurance apparente.
- Une très grande indifférence aux autres.
- Des défis permanents.
- S'enorgueillir de ne compter que sur soi et de ne jamais avoir besoin des autres.
- Aller très vite, trop vite.

Avoir des réactions négatives

- Un grand scepticisme.
- Un fréquent pessimisme.
- Un manque de confiance dans les autres : « Ils vont nous tromper, nous décevoir dans la vie ».
- Ne jamais imaginer de solutions, d'événements positifs, possibles pour soi.
- Toujours s'en tenir à l'existant.

Un seul domaine de réussite...

- Ne réussir parfaitement que dans un seul domaine.
- Ne jamais rien expérimenter que l'on ne connaisse pas.
- Être très, très fier de ce que l'on a réussi.

Trop chercher des signes de reconnaissance

- L'argent.
- Le statut.
- Chercher à se faire bien voir.
- Être dans la norme.
- Être « irréprochable ».
- Être parfait.

Ne pas vraiment être satisfait de sa vie

- S'ennuyer.
- Se sentir frustré.
- Ne jamais faire ce dont on a vraiment envie.
- Ne jamais vraiment se faire plaisir ou avoir du plaisir.
- Faire uniquement notre « devoir ».
- Tourner en rond.

Tous ces signes peuvent, doivent vous questionner, en sachant que le plus difficile, n'est pas tant de reconnaître que l'on manque un peu ou beaucoup de CONFIANCE en soi, mais de commencer ou de continuer les remises en cause qui y sont liées.

2e Partie

Pourquoi manque-t-on de CONFIANCE en soi ?

Chapitre 3

À l'origine, l'impression de ne pas être acceptés, reconnus tels que nous sommes

Si au départ nous devrions avoir CONFIANCE, avoir la FOI *en nous* et croire instinctivement en nos potentiels, en ce que *nous sommes,* pourquoi manquons-nous de cette CONFIANCE ?

Pourquoi l'avons-nous en partie ou complètement *perdue ?*

Nous l'avons *perdue* parce que l'on nous a fait douter de *nous-mêmes,* que notre FOI, notre CONFIANCE en nos capacités *naturelles,* originelles, ont été, parfois rudement, mises à l'épreuve.

D'où vient ce manque, ou plutôt cette perte de CONFIANCE en nous ?

C'est toujours parce que nous avons eu l'impression de n'être pas acceptés, reconnus, en d'autres termes, aimés tels que nous *sommes*, que nous avons perdu CONFIANCE.

La perte de CONFIANCE, en effet, vient toujours de notre doute à être acceptés et reconnus exactement tels que nous sommes, comme nous sommes, ni plus, ni moins.

À bien y réfléchir, si nous avions été certains d'être acceptés et reconnus comme nous sommes, vraiment, profondément, entièrement, inconditionnellement, nous aurions forcément, naturellement CONFIANCE *en nous*, nous aurions la FOI dans toutes les capacités qui sont en nous.

Si nous étions certains d'avoir été acceptés et reconnus avec *nos* capacités, *nos* caractéristiques, *nos* forces, *nos* handicaps aussi (qui d'ailleurs seraient peut-être moins grands !), nous aurions FOI *en nous*.

Nous aurions FOI *en* ce que nous sommes *dedans, à l'intérieur.*

La question du « manque » ne se poserait probablement même pas, et notre potentiel de bonheur serait beaucoup plus grand.

D'ailleurs, les personnes qui se sont senties acceptées comme elles étaient, en d'autres termes, aimées pour elles-mêmes, quels que soient leurs atouts réels, ont CONFIANCE *en elles.*

De fait, ce n'est jamais ce qui est censé nous « manquer », à savoir une qualité, des centimètres en trop ou en moins, un diplôme, ou la preuve matérielle de notre réussite par exemple, qui nous fait manquer de CONFIANCE *en nous.*

Nous pouvons, bien sûr, dans certains cas, avoir un regret, être gêné, douter, mais jamais nos manques réels, objectifs ne peuvent nous empêcher d'avoir CONFIANCE en ce que *nous sommes.*

Ils ne peuvent jamais vraiment, nous faire perdre CONFIANCE *en nous.*

Par contre, penser ne pas avoir été accepté pour ce que l'on est, nous fait douter, même de nos points forts, de nos atouts, de nos talents et nous fait bien sûr aussi, grossir nos manques, nos points négatifs.

Même une fois adulte, nous perdons CONFIANCE *en nous,* quand nous ne nous sentons pas vraiment, profondément acceptés par notre milieu professionnel ou familial.

Inversement, quel bonheur, et comme on s'exprime, quand on se sent accepté. On devient plus intelligent, plus efficace, plus beau, plus créatif...

De fait, plus l'acceptation, plus la reconnaissance est grande, plus l'on a CONFIANCE *en soi.*

D'entrée de jeu, vous voyez à quel point l'entourage, qui au départ, nous accepte ou pas, nous encourage ou pas à devenir *qui nous sommes,* va jouer un rôle déterminant dans la force et la construction de notre CONFIANCE, dans la FOI que nous avons ou non, *en nous.*

Plus tard, notre milieu professionnel, l'entourage familial proche, la société, selon qu'ils nous acceptent, nous accueillent ou non, eux aussi, tels que nous sommes, développeront ou réduiront notre CONFIANCE *en nous,* favoriseront ou non cette FOI *en nous.*

J'ai confiance *en moi*

=

J'ai confiance *dans* ce que *je suis*

Être reconnu, accepté inconditionnellement

Je vous entends rétorquer, « Mais, j'ai été accepté, reconnu »... « Mes parents m'aimaient »... « Il n'y a jamais eu de drame ! »...

Et, en partie bien sûr, c'est vrai. Et, tant mieux !

Mais il y a accepter et *accepter,* reconnaître et *reconnaître !*

Il y a un amour « conditionnel » – on t'aimera si –, et un amour inconditionnel où l'on se sent aimé tel que l'on est vraiment, plus en tant que personne, qu'en tant que fille, fils, rôle, à la place de...

En général, il y a eu bien sûr le soin, l'attention, l'affection, la tendresse, mais se sentir *accepté,* c'est s'être senti accepté profondément, avec *son sexe* – fille ou garçon –, *ses* caractéristiques, *ses* ressemblances, *ses* faiblesses, *ses* penchants, *ses* goûts, *son* physique, *son* quotient intellectuel, *ses* façons de penser, *sa* différence aussi parfois.

C'est autre chose.

Nous savons d'ailleurs très bien, au fond de nous-mêmes, ce qui de *nous,* a vraiment été accepté, accueilli, admis, toléré, apprécié ou non.

C'est d'ailleurs, parce que nous sentons que *tout* n'a pas été accepté, qu'en partie nous nous sommes conformés.

Pour plaire et être davantage accepté, acceptable.

Réfléchissez. Il y a sûrement une partie de *vous,* que vous n'avez pas sentie acceptée, que vos parents, votre milieu, peut-être même inconsciemment, ne souhaitaient pas voir se développer, s'affirmer... et que, pour être accepté justement, vous avez étouffée, laissée se perdre.

Se sentir aimé inconditionnellement, c'est se sentir accepté, reconnu, totalement, gratuitement, en tant qu'être à part entière….

Voilà uniquement ce qui compte, pour avoir profondément CONFIANCE *en soi*.

N'allez pas trop vite, et n'en restez pas à une compréhension superficielle.

Je dis bien : accepté, aimé tel que vous êtes vraiment, profondément, entièrement, inconditionnellement.

Tant que ce doute, s'il existe, n'est pas conscient, il joue au niveau émotionnel, et c'est là d'ailleurs, qu'il nous piège.

Car la raison ne suffit pas. Les « preuves », par la suite, non plus. Plus rien n'y fait.

C'est précisément alors, que l'on manque vraiment de CONFIANCE *en soi*.

Or, c'est très rare.

Malheureusement, être et s'être sentis aimés, acceptés comme nous sommes, est finalement, pour de multiples raisons, assez rare.

Nous avons entendu et nous entendons plus souvent, explicitement ou implicitement, le message du : « on t'aimera si… » ou, « davantage si… »

Ce n'est donc déjà plus inconditionnel !

L'expression des sentiments, des affects, n'est de plus, pas très courante dans nos sociétés, surtout il y a vingt-cinq, trente ans.

La personnalité d'un parent peut, également même à tort, nous faire douter de cet Amour pour *nous*…

C'est très subtil, car la plupart du temps, tout se passe *comme* si nous étions acceptés totalement.

Mais en réalité, nous *savons*, nous *sentons* bien, que non.

De toute façon, il y a tellement de facettes et de niveaux de personnalité *en nous*, qu'il serait miraculeux que *tout* soit/ puisse être accepté, reçu...

Nous ne correspondons pas toujours, non plus, aux attentes.

C'est le parent intellectuel, qui n'acceptera pas le côté « moins brillant » de son fils.

Les parents traditionnels, le côté créatif de leur fille...

Si l'on y réfléchit, c'est normal.

Les parents ont eu leur éducation, leur enfance, leurs rêves, leurs désirs, leurs contradictions, leur propre « vie », et c'est tout cela, en réalité, qui se met entre eux et nous.

Parfois, ce n'est même pas une partie de *nous*, mais un événement qui nous est lié, et qui n'a pas été accepté.

Le moment, le contexte de notre naissance, par exemple, des événements durant la grossesse de la mère peuvent faire ressentir à l'enfant, qu'il n'est pas accepté – pleinement –, ce qui parfois, sur un certain plan, n'est pas entièrement faux.

Après les parents, le milieu familial, il y a l'école, le collège, le lycée, les garçons, les filles, tous les autres, qui eux non plus, ne nous ont pas toujours reconnus, acceptés entièrement.

Ainsi, ne pas s'être *senti* accepté, reconnu tel que l'on est, est en réalité beaucoup plus fréquent qu'on ne pourrait le penser.

Du coup, on comprend mieux...

Ainsi, moins nous aurons été, ou moins nous nous serons senti acceptés et reconnus tel que nous sommes, et plus notre CONFIANCE se sera perdue, plus nous aurons perdu CONFIANCE.

Par ailleurs, plus la « partie » de *nous-mêmes* non acceptée sera fondamentale, essentielle : notre arrivée au monde, notre place, notre sexe par exemple, et plus la perte de CONFIANCE sera à la fois totale et profonde.

C'est en effet alors, l'*être* tout entier qui ne convient pas !

S'il s'agit, par contre, d'un défaut physique, d'un côté trop fantaisiste dans un milieu rigide, d'une faiblesse en « maths », le manque de CONFIANCE sera plus « limité », plus superficiel, et n'affectera *a priori,* qu'un domaine restreint de notre vie.

Tout dépendra donc de l'ampleur et de la nature de ce qui n'a pas été accepté, reconnu, *aimé.*

Par ailleurs, et dans tous les cas, plus le doute aura été précoce, plus la blessure sera profonde, plus le manque de CONFIANCE sera enraciné.

On comprend mieux pourquoi, en fonction de ce qui est touché, atteint, on peut aussi bien, ne pas « avoir confiance » en une qualité intellectuelle, une qualité physique, qu'*en soi,* tout court...

De même, on comprend mieux pourquoi la CONFIANCE *en soi* n'a souvent rien à voir avec la « réalité », les réalisations, les réussites.

C'est avant, que tout s'est joué.

À présent, vous pouvez si vous le souhaitez, penser à des situations dans lesquelles vous manquez régulièrement de CONFIANCE *en vous.*

Concentrez-vous sur ce que vous ressentez, et vous verrez.

Quelle qu'en soit la manifestation, c'est probablement toujours la peur de ne pas être accepté et reconnu tel que vous êtes, qu'au fond de vous, vous ressentez et dont vous souffrez.

Voyez… Et chaque fois, vous ferez un pas, parce que votre peur profonde sera plus consciente.

Et plus finement encore…

On peut aller encore plus loin et considérer que s'être senti ou avoir été accepté signifie plus précisément être ou avoir été :

- désiré
- accueilli
- respecté
- écouté
- entendu.

Manquer de confiance *en soi*

=

Douter de sa capacité à être accepté et reconnu tel que l'on est

Manquer de confiance *en soi*

=

Douter de sa capacité à être

désiré
accueilli
respecté
écouté
entendu

tel que l'on est.

Chapitre 4

Mais pourquoi ne nous sommes-nous pas sentis acceptés, reconnus tels que nous sommes ?

Pour qu'un enfant se sente accepté et reconnu, il a essentiellement besoin de sentir qu'il a une place, sa place, qu'il est valorisé, et qu'il est soutenu.

Ainsi c'est toujours le manque ou l'impression d'un manque de *place,* de *valorisation* et de *soutien,* qui alimente le sentiment de n'avoir pas été profondément acceptés et reconnus tels que nous sommes, et en nourrit la crainte.

Ce sont d'ailleurs, les mêmes manques, qui, une fois adulte, nous font perdre confiance en nous.

Si l'on creuse l'histoire personnelle de personnes vraiment confiantes en *elles-mêmes,* on s'aperçoit que ces besoins fondamentaux ont été en grande partie comblés, et le sont d'ailleurs toujours, plutôt plus, que moins.

Ces trois manques, se recoupent et parfois se renforcent.

Dans un très fort manque de CONFIANCE *en soi,* il existe souvent les trois manques combinés.

Les trois principales origines du doute

Un manque de valorisation

Avez-vous enfant, eu l'impression d'avoir été valorisé un peu, beaucoup, pour ce que vous étiez, pour qui vous étiez ?

Avez-vous l'impression d'avoir été valorisé physiquement, intellectuellement, dans votre sensibilité, vos penchants, vos activités extra-scolaires, le choix de vos camarades, etc. ?

Avez-vous l'impression que vos parents aient reconnu votre valeur, toute votre valeur, qu'ils vous aient accordé une Valeur ?

Avez-vous l'impression que vos qualités, vos talents, vos particularités, aient été repérés, reconnus ?

Avez-vous eu l'impression, que votre personnalité, « convenait » ?

Avez-vous été, carrément dévalorisé ?

Avez-vous, même une seule fois, le souvenir d'avoir été humilié, ridiculisé ?

Je vais y revenir, mais il est sûr que moins on s'est senti valorisé, plus on doutera de sa capacité à être reconnu et accepté tel que l'on est.

Un manque de « soutien »

Vous êtes-vous enfant, vraiment senti soutenu, encouragé ?

Vous êtes-vous enfant, vraiment senti protégé, sécurisé ?

Avez-vous eu, souvent, toujours, l'impression d'être seul ?

Aviez-vous quelqu'un, à qui vous confier ?

Avez-vous ressenti vos parents, vos éducateurs (ceux qui sont censés nous aider notamment à grandir, à réussir), comme des soutiens, des alliés ?

Avez-vous senti la vie elle-même, comme une alliée ?

Ne pas avoir eu l'impression d'être soutenu, encouragé, favorise forcément le sentiment de ne pas s'être senti accepté, reconnu.

Un manque de « place »

Avez-vous enfant senti que vous aviez une *place, votre place* à vous, une place claire, nette, assez grande pour que vous puissiez vous y épanouir, y grandir à votre aise ?

Je vous entends me dire : « Bien sûr, j'avais ma place ».

Et là encore, à un certain niveau, c'est vrai !

Mais une *place* bien à vous, dans le cœur de vos parents, *votre place,* pas à moitié, pas parasitée, pas non plus « à la place de »... Une place entière.

Y avait-il du temps pour vous, un espace, aussi parfois... ?

Peut-être est-ce votre cas, et une fois encore, tant mieux !

Toutefois, beaucoup de facteurs réels ou ressentis peuvent nous faire douter de cette *place,* et donc, de notre CONFIANCE, après, à en avoir une.

Plus nous aurons douté de notre *place,* plus nous aurons eu l'impression qu'on ne nous l'a pas donnée entièrement, complètement, et moins nous ne nous serons sentis acceptés, reconnus tels que nous sommes.

Observez ce qui a le plus résonné en vous : manque de place ? de valorisation ? de soutien ?

Que vous est-il venu à l'esprit : idées, images, souvenirs, émotions ?

Si rien ne vous est venu, laissez ouverte la porte...

POURQUOI MANQUE-T-ON DE CONFIANCE EN SOI ?

Toutes les raisons de douter…

Regardons plus précisément maintenant, toutes les raisons qui ont pu, dans notre enfance, et plus tard, dans notre vie d'adulte, nous faire douter de notre *place*, de notre *valeur*, d'un *soutien*.
Rien n'est exhaustif ni valable pour tous.
Le même événement ne jouera pas à l'identique pour tous les individus.

Pour les uns, cela n'aura que très peu d'incidence, pour les autres, une énorme.

Mais, vous allez le voir, nous avons vraiment de très nombreuses raisons, de douter.

Sinon, beaucoup plus de gens auraient CONFIANCE *en eux.*

… de sa Valeur

Une absence de regard ou d'attention…

Vous pouvez ne pas vous être senti valorisé parce que votre Valeur, vos qualités étaient, tout simplement, rarement évoquées dans votre famille.

On n'y faisait, peut-être, jamais allusion.

Ce n'est pas sous cet angle, que l'on *vous* regardait.

Du moment que vous étiez en bonne santé, que les résultats scolaires étaient bons…

Peut-être ne disait-on rien ? Ou le négatif, et très peu, voire jamais, le positif ?

Un manque de temps aussi, l'habitude.

Vos parents eux-mêmes, n'avaient peut-être pas été valorisés, pour *qui* ils étaient.

Il est difficile de se sentir valorisés, si tout simplement, l'on ne nous *regarde* pas.

Un regard négatif

Nous pouvons également ne pas nous être sentis valorisés, parce que le regard porté sur nous était en partie du moins, négatif.

Nous ne correspondions pas aux attentes, aux désirs des parents.

En effet, que ce soit dit clairement ou non, il y a souvent chez les parents ou l'un des parents, le fort désir de nous voir être « manuel », « intellectuel », « artiste », « ingénieur », « grand », « mince », « matheux » ou « littéraire » etc.

Dans ce cas, nous aurons souvent tendance, sans nous en rendre compte (à moins d'être très fort, d'avoir été très soutenu à un moment par quelqu'un d'autre – un grand-parent, un professeur –, ou d'avoir vraiment eu *notre* place), à ne pas nous valoriser, et à dévaloriser la partie de nous-mêmes qui n'a pas convenu.

C'est parfois une « partie » de nous qui peut avoir été dévalorisée, non reconnue ou ignorée : vouloir faire du dessin, avoir tel type de camarade, tel goût pour s'habiller...

Or, plus cette partie de *nous-mêmes* nous aura été *personnelle,* profonde, intime, plus nous serons touchés, atteints.

Des comparaisons dans la famille, à notre détriment, avec le frère, la sœur, le cousin, le premier de la classe, le parent lui-même qui à « notre âge »... le surdoué du quartier, ne contribueront pas à *nous* valoriser.

Si nous avons senti que, dans notre famille, telle qualité, tel atout, était valorisé, nous avons eu tendance nous-mêmes, à nous dévaloriser si nous ne les possédions pas.

Ainsi, ce n'est pas par exemple, le manque d'un diplôme ou la faiblesse en mathématiques, qui nous fait manquer de CONFIANCE *en nous,* c'est la valorisation familiale et/ou sociale du diplôme, et des mathématiques.

Il existe également des regards négatifs plus implicites, plus subtils, portés sur nous.

Nous ne rentrons pas dans le moule, nous ne correspondons pas aux modèles valorisés plus ou moins consciemment dans la famille, ou plus largement, dans notre milieu social.

Attention, certaines choses ont pu même vous paraître valorisées, alors qu'elles ne l'étaient pas.

C'est parfois notre milieu d'origine qui est socialement dévalorisé ; ouvrier, paysan, modeste…

Enfin, même si c'est beaucoup plus rare, on peut avoir été carrément critiqué, ridiculisé, nié, interdit… par une famille qui n'a absolument pas reconnu, voire contrarié nos penchants, nos choix, nos études, etc.

La dévalorisation nous fait toujours perdre confiance *en nous.* Toutefois, plus elle aura été affichée et explicite, plus il sera facile de réagir, de ne pas être d'accord, de ne pas se soumettre et donc de garder la FOI *en soi.*

À l'inverse, moins elle aura été nommée, exprimée, et plus il sera difficile de voir clair, de *voir* que l'on a été dévalorisé.

Ainsi, la conséquence d'une dévalorisation est toujours, dans un premier temps, de croire vraiment, sincèrement, que l'on n'a aucune Valeur.

Ces quelques raisons nous mènent forcément à douter de *notre* Valeur, de notre capacité à être accepté et reconnu tel que nous sommes, et contribuent ainsi à nous faire manquer de CONFIANCE *en nous.*

… du soutien des autres

Un manque d'affection

Parfois, c'est seulement un manque de mots, d'affection, de tendresse, pour *nous* dire, nous faire comprendre que *c'était bien*, que nous sommes *bien*.

Et nous dire ainsi, que l'on *nous* soutient.

Un manque de mots pour dire la satisfaction, la « bonne » surprise, la CONFIANCE aussi, que l'on avait en *nous*.

Un manque de temps, peut-être d'attention.

Un manque d'encouragement

Vous avez peut-être, tout simplement, manqué d'encouragements de la part de vos parents, professeurs, et ainsi ne pas vous être senti soutenu, pour être, devenir qui vous étiez, avec vos qualités, vos envies, vos talents, vos goûts.

Le manque d'indulgence, de patience, le ratage d'opportunités, des injustices rencontrées à l'école, sans être défendu, voire des critiques, des reproches, nous feront douter aussi du soutien auquel nous pouvions prétendre.

Les parents exigeants, qui ont mis la barre très haut, pour eux-mêmes ou pour leurs enfants, ne seront pas toujours de bons soutiens.

On peut en effet alors ne jamais se sentir, se croire *assez bien* pour se lancer.

C'est parfois indirectement, que nous avons manqué d'encouragements : manque de moyens matériels, faible niveau culturel familial, méconnaissance de certains milieux, présence d'un seul parent etc.

Bien sûr, la confiance que les autres, les parents surtout, ont eue en *nous,* et du coup, les regards (souvent involontairement) encourageants ou pas, jouent aussi beaucoup dans le sentiment de nous être plus ou moins senti soutenu.

Plusieurs facteurs peuvent nous faire douter, à tort ou à raison, de la confiance que les parents avaient en nous.

Ils peuvent avoir connu d'importantes réussites, et penser que leur enfant ne pourra pas faire comme eux, réussir « comme eux ».

À l'inverse, les parents eux-mêmes peuvent déjà ne pas avoir eu, CONFIANCE *en eux.*

Ils peuvent ne pas s'être sentis eux-mêmes, acceptés, reconnus ou soutenus.

Difficile alors, de nous convaincre et de nous assurer de leur soutien.

On ne peut transmettre que ce que l'on a reçu.

Un manque de protection

Des parents faibles, défaillants, dépressifs, alcooliques ou qui ont connu de gros échecs, nous feront forcément douter de leur soutien.

Des parents malheureux, découragés, négatifs, aigris, frustrés, nous feront forcément douter de leur soutien.

Un parent, qui joue la rivalité, au lieu de nous soutenir (parent infantile, jaloux de ses enfants), nous fera forcément douter de son soutien.

Par ailleurs, certains handicaps physiques, maladies, accidents, coups durs précoces, peuvent plus profondément encore, nous faire voir la vie comme une menace et non une alliée, et ainsi indirectement, nous faire douter là encore, du *soutien* des parents, puisqu'ils sont notre principal lien à la Vie.

Toutes ces raisons nous mènent forcément à douter de notre légitimité, de notre mérite à être soutenu, donc de notre capacité à être acceptés et reconnus tels que nous sommes, et contribuent ainsi à nous faire manquer de CONFIANCE *en nous.*

… de sa « place »

Un manque de « désir »

Certains facteurs ou événements, qui d'ailleurs souvent, n'ont rien à voir avec nous, ont pu nous faire douter d'avoir été vraiment désiré, et ainsi, d'avoir eu *notre place.*

Tout simplement, ne pas avoir été désiré, ou pas complètement.

L'impression d'avoir été « fait » par devoir, ennui, réparation.

Avoir été et/ou s'être senti une erreur, un accident, un alibi, un pis-aller, un moyen de chantage, un enjeu personnel pour l'un des deux parents.

Le moment non choisi de notre arrivée au monde : problèmes de santé, problèmes matériels dans la famille, décès…

Un amour insuffisant entre les parents, ou leur couple qui se sépare peu de temps après la naissance.

Un parent absent, parti, décédé…

L'arrivée d'autres frères et sœurs.

Sa propre place dans la lignée : le premier avant tous les autres ou le tout dernier, après tous les autres.

Le sexe que l'on a : fille, ils préféraient un garçon. Garçon – mais c'est plus rare –, ils préféraient une fille !

Il y a encore le rôle bien particulier qui nous est attribué, et en dehors duquel, on n'a pas l'impression d'avoir droit à *sa place* réelle ; le rôle du « gai », du « solide », du « gentil », du « pont » entre les parents, etc.

Un manque d'amour…

Un amour non exprimé, mal exprimé.

Une mère distante, froide, peu tendre, absente, dure, trop dans le « devoir »…

Un manque de temps…

Un éloignement durable de sa famille.

Une famille nombreuse dans laquelle l'on se sent un numéro ; la troisième, le septième.

Un autre enfant, le préféré.

Un autre membre de la famille, avec une place privilégiée : une sœur ou un frère, handicapé, ou sur qui l'on a tout misé pour qu'il fasse ses études, un parent aussi, qui n'a pas vraiment « grandi » et qui prend toute la place.

Un manque d'écoute

Le sentiment de n'avoir pas été écouté et surtout entendu, notamment à des moments difficiles, de crise, ou dans nos désirs les plus profonds.

Les parents qui ont eu un fort désir de nous voir opter pour telle ou telle orientation, tel ou tel choix de vie, indirectement, n'écoutent pas le nôtre, et ne nous laissent pas la *place* de l'exprimer.

Le parent qui nous dévalorise, d'une certaine manière, n'*écoutera* pas non plus *qui* l'on est.

Le parent avec une personnalité très forte, dominatrice qui prend lui-même beaucoup de place, nous fera douter inévitablement, de la légitimité à prendre la nôtre.

Toutes ces raisons nous mènent forcément à douter de *notre* place, donc de notre capacité, de notre droit à être acceptés, reconnus, aimés, tels que nous sommes, contribuant ainsi à nous faire manquer de CONFIANCE *en nous.*

POURQUOI MANQUE-T-ON DE CONFIANCE EN SOI ?

Chapitre 5

C'est le moment de faire des liens

Nous avons évoqué précédemment, les trois natures, les trois formes de manque de CONFIANCE :

- confiance en ce que l'on est,
- confiance en ce que l'on peut,
- confiance en ce que l'on veut.

C'est le moment de faire les liens.

Manque de valorisation… et manque de confiance en ce que vous êtes

À présent, nous voyons clairement que moins nous nous sommes sentis *valorisés,* et plus nous doutons de notre Valeur, plus nous doutons de ce que nous sommes. Moins nous avons la FOI en *qui* nous sommes.

En effet, nous ne pouvons être sûrs et fiers de ce que nous sommes, de *qui* nous sommes, si nous n'avons pas été valorisés ou si nous ne nous sommes pas sentis valorisés.

Voilà en quoi, le manque de Valorisation alimente plus particulièrement le manque de CONFIANCE en *qui* l'on est.

Ainsi, plus tard, nous avons du mal à nous mettre en valeur, à mettre *en valeur* nos vrais points forts et quand d'autres nous valorisent, nous ne les croyons pas, nous ne réussissons pas à l'intégrer. Nous doutons toujours.

Nous pouvons au mieux accepter la place que les autres nous font ou la valeur qu'ils nous attribuent, mais il nous est beaucoup plus difficile de *nous* accorder suffisamment de Valeur, pour avoir vraiment CONFIANCE *en nous.*

Nous comprenons pourquoi, si une partie de *nous,* a été non seulement peu valorisée, mais dévalorisée, par la suite, nous la méconnaîtrons.

Nous la dévaloriserons nous-même, en lui retirant toute sa valeur.

Nous la minimiserons, nous nous en moquerons, nous ne la prendrons pas au sérieux

Nous pourrons la *cacher* aussi.

Nous pourrons même en faire un complexe.

En tous cas, nous aurons du mal à la valoriser, à la voir comme positive, différente, spécifique. Nous la verrons, dans un premier temps, en négatif. C'est tout.

De même, moins nous nous serons sentis valorisés, plus nous serons dépendants du regard des autres.

Nous chercherons en effet, toujours dans leur regard cette valorisation, cette reconnaissance, qui de toute façon, même quand elle se produit, n'est pas suffisante.

De fait, elle ne peut jamais suffire, si l'on ne se valorise pas, si l'on ne se reconnaît pas soi-même.

Moins l'on s'est senti accepté et valorisé tel que l'on est, moins l'on réussit à s'accorder, à reconnaître sa Valeur.

C'est là, que l'on manque de confiance en *qui* l'on est.

Manque de soutien… et manque de confiance en ce que vous pouvez

Moins nous nous sommes sentis *soutenus*, sur notre chemin, dans nos souhaits, nos difficultés, nos recherches et plus nous douterons de nos capacités, plus nous douterons de ce que nous *pouvons*.

Voilà en quoi, le manque de soutien alimente plus particulièrement, le manque de CONFIANCE en ce que l'on peut.

Difficile en effet, d'être sûr de ce que l'on *peut*, si l'on a pas été soutenu ou si l'on ne s'est pas senti soutenu.

De plus, nous aurons tendance à penser que si l'on ne nous a pas soutenu, c'est sans doute que nous ne le méritions pas, ou réellement que nous ne le « *pouvions* » pas !

En général, nous remettons rarement en cause la personne, l'institution qui ne nous a pas soutenu, nous « préférons » douter de nos capacités à…

Du coup, l'on ne se croit pas/plus capable de faire certaines choses. Et l'on n'ose plus.

On se met en cause, on se culpabilise très facilement s'il y a un problème.

Et quoi que l'on réussisse, on n'est au fond, jamais sûr, on n'est jamais tranquille, rassuré, assuré.

Moins l'on s'est senti accepté et soutenu tel que l'on est, et moins l'on réussit à croire que l'on puisse être soutenu ni parfois que l'on puisse soi-même, *se* soutenir.
C'est là, que l'on manque de confiance en ce que l'on *peut*.

Manque de « place »... et manque de confiance en ce que vous voulez

Enfin, plus nous avons douté de notre place, plus nous doutons plus tard de notre légitimité à la prendre, partiellement, complètement.
Nous n'osons pas prendre notre *place*.
C'est là d'ailleurs, que se joue le manque de CONFIANCE le plus profond, le plus handicapant, le plus inhibant.
Car comment faire dans la vie, comment s'affirmer, si l'on ose pas prendre *sa* place ?

Plus nous aurons douté de *notre place*, plus nous douterons des droits que confère toute *place :* vivre, exister, s'exprimer, penser à *soi*, être heureux, vouloir, désirer...
Nous aurons tendance à nous sacrifier et nous nous sentirons difficilement autorisés, à faire des choses surtout pour *nous*, les bonnes choses pour *nous*.

À partir de là, il devient difficile de savoir ce que l'on veut.
En effet, quand nous avons douté de notre *place*, nous doutons toujours de la légitimité de nos désirs.
Nous n'avons pas confiance en ce que nous voulons.
Voilà pourquoi, quand ce désir émerge, nous n'y croyons pas, nous le remettons en cause, puisque ce que nous voulons n'a jamais vraiment été à l'ordre du jour.

On ne pense même pas que l'on puisse vouloir quelque chose.

On y pense, mais on ne se l'autorise pas.

On « s'arrange » donc, soit pour ne rien vouloir, soit pour ne pas croire en ce que l'on *veut,* ne pas s'écouter, ne pas y accorder d'importance.

On aura d'autant plus de mal à savoir ce que *l'on veut,* si notre *désir* est lié à la partie non acceptée, non valorisée de nous-mêmes.

Voilà en quoi, le manque de « place » alimente, plus particulièrement, le manque de confiance en ce que l'on *veut.*

Moins notre place nous a été *donnée,* plus nous aurons du mal à nous l'accorder, à nous la reconnaître, *à* la prendre.

C'est là, que l'on manque de confiance en ce que l'on *veut.*

EN RÉSUMÉ

Confiance en soi

Confiance en soi

	manque de place	manque de valorisation	manque de soutien
petite enfance			
enfance			
adolescence			
vie adulte passée			
vie adulte actuelle			

Pourquoi perd-on ou pourquoi garde-t-on confiance en soi ?

À présent, nous comprenons mieux pourquoi certaines personnes perdent confiance et d'autres gardent confiance en elles.

Bien sûr, moins la CONFIANCE aura été entamée, abîmée dans l'enfance, l'adolescence, et moins les événements ultérieurs feront perdre confiance en soi.

Quels qu'ils soient, on restera solide, sûr, confiant.

À l'inverse, plus la CONFIANCE aura été entamée tôt dans la vie, et plus les événements ultérieurs ; coup dur, divorce, crise affective, licenciement ou simplement un patron peu reconnaissant, réactiveront ce manque de CONFIANCE.

En réalité, ce sont les anciens manques de *place,* de *valorisation,* de *soutien* qui se réactivent, d'anciennes blessures non guéries qui se rouvrent.

Un dernier lien... Comment le manque de confiance en soi peut-il, petit à petit, s'aggraver ?

Si ce sont ces trois *manques,* de valorisation, de soutien, de place qui jouent dans l'enfance et sont à l'origine du manque de CONFIANCE, ce sont eux également qui, dans notre vie d'adulte, peuvent contribuer à nous faire perdre confiance en nous.

En effet, on peut, sans manquer particulièrement de CONFIANCE en soi au départ, la perdre petit à petit, à cause d'un contexte professionnel ou conjugal négatif où l'on ne trouve pas sa place, où l'on est pas vraiment valorisé, soutenu.

Bien sûr, là encore, plus notre CONFIANCE est restée intacte, moins les manques, par la suite, seront prégnants.

Inversement, plus on en aura souffert dans l'enfance, et plus leur accumulation une fois adulte, renforceront le manque de CONFIANCE initial.

Or, sans toujours nous en rendre compte, nous avons aussi dans notre vie d'adulte des raisons de douter.

Souvent, nous manquons encore de *place,* de *valorisation,* de *soutien.*

Encore, toujours un manque de valorisation

Un peu pour les mêmes raisons que dans notre enfance, on reconnaît rarement notre Valeur.

Dans le monde du travail… Ce sont là encore, là surtout, les modèles dominants de réussite qui sont valorisés.

Ensuite, comme avant, on ne *nous* dit presque rien, on *nous* valorise peu.

Pas le temps, l'habitude…

Le manque, au sens propre, de reconnaissance.

On remercie rarement.

D'autre part, nous sommes souvent plus *valorisés* pour le rôle que nous remplissons, ce que nous apportons, que pour notre *être* à part entière.

Nous avons encore aujourd'hui, plus une Valeur « marchande », qu'une Valeur proprement *humaine*.

Enfin, en règle générale, l'autre, les autres nous attribuent une valeur, par rapport à ce qu'ils peuvent reconnaître, parce qu'ils le connaissent déjà.

Pas toujours donc, pour ce que *nous sommes* vraiment.

Parfois, malheureusement, nous ne sommes pas, non plus, *valorisés* pour ce que *nous sommes* dans notre vie familiale.

On ne nous dit pas assez l'*amour* que l'on a pour *nous*.

Encore, toujours un manque de soutien

D'abord, nous sommes « grands », on peut donc considérer que nous n'en avons plus besoin.

D'autre part, et je ne m'étendrai pas, nous ne sommes pas toujours encouragés, écoutés, soutenus, par notre patron, nos collègues, notre conjoint parfois, notre famille.

Encore, toujours un manque de « place »

Même si nous en avons moins conscience que pour les deux autres manques, nous pouvons également, une fois adultes, douter de la *place* qui nous est véritablement faite.

Nous sommes en effet, dans la plupart des situations, notamment professionnelle et sociale, essentiellement considérés comme un rôle à jouer, une fonction à tenir, un numéro, un pion parfois interchangeable.

Nous sommes souvent « utilisés », puis jetés.

On nous montre rarement qu'on *nous* attend, que nous avons *notre* importance, que c'est *nous* qui comptons.

C'est peut-être, l'une des principales raisons pour lesquelles beaucoup de gens n'ont pas CONFIANCE en eux.

Nous ne *nous* retrouvons pas toujours non plus, dans ce que nous faisons, dans la finalité de notre travail.

Du côté vie privée, c'est souvent, dans un autre registre, la même chose. On nous demande de jouer notre rôle, voire de jouer un rôle.

Nous existons beaucoup trop pour l'autre, « à la place de », par « besoin », par « devoir ».

Nous ne sommes pas non plus, toujours vraiment à *notre place.*

Le *désir* de l'autre pour *nous,* n'est souvent pas assez fort, pas assez exprimé.

Bien sûr, une fois adulte on résiste davantage, mais l'on est atteint quand même, et s'il y a des antécédents, on aura parfois du mal à tenir, à ne pas perdre CONFIANCE.

3e Partie

Que faire pour retrouver CONFIANCE en soi ?

Chapitre 6

Quelques préalables incontournables...

Aucune recette

Tout d'abord, il n'existe pas de recette miracle.

Et, tant mieux.

Du coup, nous sommes obligés d'aller vraiment au cœur de nous-mêmes, là précisément, où réside la CONFIANCE !

Finalement, le monde est bien fait !

En effet, les recettes iraient à l'encontre de ce que vous cherchez à (re)trouver, c'est-à-dire la CONFIANCE en vous, en d'autres termes, *vous-même.*

De plus, la CONFIANCE *en nous* est bien trop profonde pour pouvoir la retrouver sur des modes superficiels.

Enfin, l'illusion qu'elle puisse réapparaître d'un coup, reviendrait en fait, à ne pas prendre vos responsabilités vis-à-vis de vous-même.

Ayez vraiment le désir de retrouver confiance en vous

Si nous en souffrons, et si nous déclarons vouloir nous libérer de notre manque de confiance, nous ne sommes pas toujours prêts à retrouver confiance en nous.

D'abord, parce que le chemin n'est pas toujours facile.

On est amené à soulever des voiles, et souvent, pour ne pas réveiller le passé, rouvrir d'anciennes blessures qu'on ne veut pas « voir ».

C'est d'ailleurs, pour ne pas avoir à approfondir la question, que l'on préfère parfois des « recettes ».

Nous pouvons aussi nous y complaire, et préférer inconsciemment, jouer un rôle de victime, pour ne pas grandir, par exemple.

Il y a en effet, des bénéfices secondaires à manquer de confiance en soi. On ne s'assume pas, ou moins, on ne s'engage pas, on ne prend pas toutes ses responsabilités.

Ainsi, nous pouvons même nous servir de notre manque de confiance comme d'une excuse, pour ne rien bouger, ou pour justement, *« nous »* cacher derrière.

Il faut avoir la volonté de grandir, de développer tous ses potentiels, pour réellement avoir le désir de retrouver CONFIANCE *en soi.*

D'autre part, il est essentiel de vouloir retrouver confiance *en soi*, pour *soi*.

Pour *soi,* et non pour les autres, l'image que l'on va donner aux autres.

Pour *soi,* et non pour des résultats qui « prouveront » aux autres…

Pour *soi,* et non parce que « ça la fiche mal », que « ça se voit ».

Pour *soi,* et non parce que l'on se culpabilise de ne pas être assez « dynamique », « positif », « jeune », « entreprenant », « diplômé »…, bref de ne pas être dans la norme.

Regardez vraiment votre manque de confiance en face

Oui, vraiment en face.

Ressentez en profondeur, sans survoler, les effets du « manque de confiance » en *vous.*

Ressentez tous les effets ou au moins un, sans esquive, pour tout regarder en face, vous regarder en face justement.

Essayez.

C'est d'abord une façon de (re)prendre contact avec *vous-même.*

Regarder calmement votre manque de confiance pour voir jusqu'où il vous empêche d'aller.

Sondez où vous vous abîmez, pour bien retrouver du même coup, la part de *vous-même* non reconnue, non acceptée, non soutenue, qui derrière, essaie de s'exprimer.

Regarder son manque de CONFIANCE, c'est en même temps, regarder sa force, et l'envie derrière, de la laisser s'exprimer.

Regarder son manque de CONFIANCE, c'est oser entendre de nouveau cette petite voix qui est sa voix.

Regarder son manque de CONFIANCE en face, c'est aussi paradoxalement, prendre du recul, car au fond, il n'est pas *nous.*

Oser regarder votre manque de CONFIANCE, c'est au fond avoir FOI *en vous.*

Acceptez ce manque

S'il faut le « combattre », il est bon paradoxalement, de savoir aussi accepter son manque de CONFIANCE.

D'une certaine façon, *il* fait pour l'instant, partie de *vous.*

C'est important, car l'accepter, c'est aussi *vous* accepter tel que vous êtes, sans vouloir immédiatement être différent, « mieux » que ce que vous êtes.

C'est aussi, d'ores et déjà, sans plus attendre, vous reconnaître digne d'avoir *votre* place, d'être valorisé, soutenu, accepté même avec votre manque de confiance.

Acceptez-*vous* donc, du moins dans un premier temps, avec votre manque de CONFIANCE, sans jugement, sans vous juger, sans peur.

Plus vous l'accepterez comme une partie de vous, moins vous chercherez à le nier, à le contrôler, à le minimiser, moins il deviendra gênant, et mieux vous pourrez le combler.

L'accepter, certes, est une étape, mais une étape nécessaire.

De toute façon, manquer de confiance en soi, n'est pas non plus, une « catastrophe » !

Avoir CONFIANCE en soi ne signifie pas, ne jamais manquer de confiance et ne pas avoir CONFIANCE en soi ne signifie pas non plus, manquer totalement de confiance.

Enfin, on peut dire que le manque de CONFIANCE *en soi,* n'est en réalité, rien d'autre que la conscience profonde de ce que l'on peut devenir, et du chemin qu'il reste à parcourir pour nous *réaliser.*

Si l'on a pas conscience du chemin, on ne manque même pas de confiance en soi, ou plutôt, on ignore que l'on en manque !

C'est la Conscience qui fait tout, qui peut tout.

C'est la Conscience qui est la plus belle garantie, le point de départ incontournable de toute évolution.

C'est le levier le plus fort, quels que soient les chemins empruntés.

C'est toujours la Conscience qui met en route.

Et c'est toujours le premier pas qui compte.

Manque il y a, mais *vous* êtes intact.

Prenez du recul

Certes, il est essentiel d'essayer de comprendre d'où vient votre manque de CONFIANCE.

Identifiez, le plus finement possible, ce qui vous a fait douter de *vous,* ce qui vous a fait perdre votre FOI *en vous.*

Plus vous retrouverez ce qui vous a entamé, plus vous retrouverez une partie de la FOI *en vous.*

Relativisez aussi, car souvent la réalité, quand vous étiez enfant, n'était pas exactement non plus, comme vous l'avez sentie, perçue, comprise, retenue.

Ce n'est pas *vous,* la plupart du temps, qui n'avez pas été accepté, reconnu, soutenu.

Il y a eu d'autres facteurs qui n'avaient rien à voir avec *vous :* les difficultés des parents, la vie, ses événements…

Ce n'est pas *vous,* jamais, qui êtes en cause.

On peut reprocher à une fille de ne pas être un garçon, mais il est évident que cela ne touche en rien les qualités, la Qualité de la fille en question.

C'est juste le parent qui a un désir, un manque…

Imaginez qu'il s'agisse de l'un de vos amis dans un cas identique au vôtre ; le bon sens vous ferait sûrement dire qu'il est « bien » comme il est.

Prenez du recul, et dites-vous qu'aujourd'hui, vous avez plus de moyens qu'hier pour prendre *votre* place, pour vous valoriser, pour vous encourager.

Arrêtez de vous culpabiliser

Arrêtez de vous culpabiliser parce que vous ne correspondez pas complètement ou pas du tout, à un moment donné, aux multiples modèles dominants, différents bien sûr selon votre âge, votre milieu, vos origines : sortir, multiplier les relations, avoir un projet, entreprendre, réussir, partir, voyager, se marier, etc.

Vous continuez à *vous* faire mal, et à casser l'image déjà malmenée que vous avez de vous-même.

Souvent, quand nous voulons retrouver confiance en nous, nous avons en réalité des images, des idéaux, des modèles auxquels nous aimerions ressembler.

Or, retrouver confiance en *vous*, c'est d'abord vous retrouver et *vous* accepter tels que *vous êtes.*

De plus, prenez conscience que tout le monde manque un peu de CONFIANCE *en soi*. En effet, un être sans appréhension dans aucun domaine, sur aucun plan (même si c'est l'état idéal) est malgré tout assez rare.

Prenez votre temps

Encore une fois, il n'y a pas de recette miracle.

Et plus les blessures seront profondes, plus le chemin sera long.

Mais autant le savoir, le chemin fait partie du « bonheur ».

L'important souvent, plus que le résultat, est aussi le parcours. Chacun, trouvera le sien.

Encore une fois, prenez le temps de regarder votre manque de CONFIANCE en face. Le temps nécessaire chaque fois que nécessaire, non pour vous y complaire, mais pour ne rien éluder.

Autrement, vous ne ferez que fuir, reculer, pour ne pas précisément aller au fond du problème.

N'allez pas trop vite.

Vouloir aller trop vite cache justement, très souvent, un manque de CONFIANCE et un désir de contrôler la crainte de ne pas y arriver, la crainte de ne rien trouver *en soi* d'intéressant.

Vouloir aller trop vite cache parfois le refus de s'accorder du temps, de l'attention, comme si on ne le méritait pas.

Vouloir aller trop vite, c'est aussi souvent, vouloir retrouver confiance, mais pour répondre aux attentes, aux demandes des autres, ou à ce que nous croyons parfois, être leur demande. Pas pour *soi.*

C'est parfois précisément, ne pas vouloir ressentir, retrouver les racines de notre puissance personnelle.

Même si la souffrance peut nous donner envie de brûler les étapes, aller trop vite, c'est la plupart du temps éviter de faire un pas, le *pas* qui serait probablement le plus constructif pour *soi.*

Ce sera plus ou moins long, mais chaque pas sera important.

N'ayez pas peur de ne pas y arriver

Ce qui freine souvent, c'est la peur de ne pas y arriver.

Plus vous aurez confiance dans le résultat final (simple variante d'ailleurs, de la CONFIANCE *en vous*), plus vous y arriverez, et plus vous irez *vite.*

Enfin, ne perdez pas de temps !

Oui, paradoxalement, prenez tout votre temps, mais ne perdez pas de temps !

Aidez-vous et faites-vous aider.

Parlez franchement à un ami, un conjoint.

C'est déjà, une marque de CONFIANCE *en vous.*

Une preuve de votre confiance nouvelle en votre capacité à être accepté, aimé…

Bien sûr, il n'y a pas de secret.

Si votre manque de confiance est très profond, un travail sur vous sera sans doute nécessaire.

Il existe bien sûr beaucoup d'approches.

Tout dépendra de l'ancienneté, de la profondeur et de la globalité de votre manque de CONFIANCE.

S'il est circonscrit et/ou récent, quelques entretiens ou une thérapie comportementale peuvent suffire.

S'il est ancien et global, une thérapie plus longue sera probablement nécessaire. Plusieurs approches thérapeutiques en parallèle, ou successivement, peuvent aussi être envisagées.

Si le manque de confiance se couple d'un problème d'identité, d'une incapacité à grandir, d'autres angoisses très profondes, une approche analytique peut sans doute être efficace.

Enfin, si vous sentez de gros blocages émotionnels, un travail plus corporel, énergétique, peut vous être particulièrement bénéfique.

Persévérez, ne vous découragez pas !

Si vous bloquez, quand vous bloquez, quand vous revenez en arrière, ne vous découragez pas, ne vous résignez pas, continuez…

Notez vos progrès et ceux qui vous restent à faire, avec *joie.*

Posez-les comme des objectifs à atteindre.

Choisissez toujours des petits pas, des progrès accessibles, possibles.

Ayez CONFIANCE.

Chaque chose a sa contrepartie.

Un manque de confiance est souvent l'expression d'une forte sensibilité.

Les personnes qui en *pâtissent,* développent souvent une attention aux autres beaucoup plus grande que celles qui ont la *chance* d'avoir confiance.

Pensez aussi à celles qui s'en sont sorties, ou qui ont fait de leur fragilité, une force.

Par tous les moyens, *encouragez-vous !*

seulement un chemin

Seulement un chemin… plus ou moins long, mais c'est cheminer qui compte.

Chapitre 7

Pour vous mettre sur la voie…

Essayons ensemble de trouver quelques pistes.

Le plus possible, ressentez la CONFIANCE

Pour retrouver CONFIANCE *en soi,* il est essentiel de ressentir le plus possible, et le plus souvent possible la CONFIANCE.

En effet, on ne peut retrouver la CONFIANCE *en soi,* si on ne *la* ressent pas.

De fait, avant toute chose, on *sent* ou pas, qu'on a confiance *en soi.*

Quand on en manque, ressentir la CONFIANCE n'est a priori bien sûr, pas facile.

Mais… Pensez à des moments, même très courts, où vous avez ressenti cette énergie, cette certitude, cette force.

Au cours d'exercices physiques, sportifs, d'activités manuelles, créatrices, de travaux intellectuels, d'actes simples, lors de moments de bien-être…

Ressentez-LA pleinement, profondément, quand dans votre vie professionnelle, personnelle, quotidienne, sur votre chemin, à des moments de grâce, la CONFIANCE vous inonde, vous transporte…

Souvenez-vous d'actes forts que vous avez faits pour *vous,* même il y a très longtemps, et dont vous êtes fier.

Dès aujourd'hui, faites, cherchez, profitez pleinement et le plus possible de toutes les occasions, des moments privilégiés où vous *vous* sentez *vous-même,* vraiment *vous-même.*

Recherchez aussi les personnes avec qui vous *vous* sentez en CONFIANCE.

Même si vous en manquez, prenez conscience de la part de CONFIANCE que vous avez aussi en *vous.*

C'est petit à petit, peu à peu, que vous ressentirez plus fortement, que vous retrouverez la CONFIANCE durablement, *en vous.*

S'il existe mille façons de ressentir la CONFIANCE en *soi,* une seule chose est sûre : plus le moyen sera simple, plus vous serez sur la voie.

Ayez confiance en votre être « vivant » et « unique »

À présent prenez conscience, au-delà des rôles que vous jouez d'habitude (parent, salarié, voisin, enfant, être socialisé…), des images que vous voulez donner, des objectifs que vous voulez atteindre, que *vous* êtes essentiellement, fondamentalement à la fois :

Un être vivant (un être qui vit)

C'est *essentiellement* parce que vous êtes *vivant,* que vous êtes capable de lutter, de réagir, de vous battre, d'avancer, de comprendre, de prendre, de subvenir à vos besoins, etc.

Nous sommes en ce sens, indéniablement, *naturellement,* tous, capables de *vivre.*

Un être unique*

C'est *essentiellement* parce que vous êtes *unique,* que vous êtes capable de plaire, d'agir, de réaliser, de créer une recette de cuisine, un tableau, etc. et toujours, indéniablement, à *votre* manière.

Chacun de nous, au-delà de toute comparaison, est particulier, spécifique, différent, avec ses qualités et surtout sa Qualité propre.

Si nous y réfléchissons vraiment, ce sont fondamentalement nos deux principales forces, et deux forces que nous avons tous.

Si nous avions CONFIANCE, FOI en ce que nous sommes en tant qu'être *vivant* et *unique,* nous aurions moins peur, nous oserions, nous prendrions des risques sans nous comparer.

Nous serions plus libres.

Relisez cette page.

* N'entendez pas, « exceptionnel », « au-dessus des autres », mais simplement, différent de tous les autres, ce qui est parfois difficile à accepter. C'est pour cela d'ailleurs, que nous cherchons tous plus ou moins à nous ressembler.

Si vous vous répétez cette phrase :

« J'ai CONFIANCE en mon être *vivant* »…

« J'ai CONFIANCE en mon être *unique* »…

Qu'éprouvez-vous ?

Ne ressentez-vous pas déjà plus de force,
plus de CONFIANCE ?

N'allez pas trop vite. Là, est la clé.

Avoir confiance en *QUI* nous sommes

=

Avoir la FOI en notre être vivant et unique

Prenez conscience de vos peurs réelles

Le manque de confiance vient finalement, toujours d'une peur : la crainte de ne pas être accepté, désiré, aimé, écouté…

Plus vous prendrez conscience de vos peurs et de leur origine, plus vous vous en libérerez.

Conscientisez vos peurs

Chaque fois que vous manquez de CONFIANCE *en vous,* ayez le réflexe de voir en quoi vous n'avez pas confiance, en quoi vous avez peur.

Dès que vous perdez confiance dans une situation, avant une rencontre, une épreuve, demandez-vous en quoi vous n'avez pas la foi :

en ce que vous êtes ?
en ce que vous voulez ?
en ce que vous pouvez ?

Pensez alors en positif à ce que :
vous êtes ?
vous voulez ?
vous pouvez ?

Chaque fois que vous manquez de confiance *en vous,* ayez le reflexe de penser qu'au fond de vous-même :

- vous craignez de ne pas être accepté et reconnu tel que vous êtes, comme vous êtes…
- vous craignez de ne pas être entendu, écouté tel que vous êtes…

etc…

Quand vous pensez à l'une de vos difficultés, à l'un de vos blocages, lié au manque de confiance, il y a sûrement l'une des phrases suivantes qui va résonner davantage en vous.

C'est pour vous, le frein, le plus important.

Pensez-y pour prendre du recul, pour sortir du « manque », pour ne plus être « dedans ».

Je n'ai pas la foi en mon être vivant.

Je n'ai pas la foi en mon être unique.

Je crains de ne pas être accepté(e), reconnu(e) tel(le) que je suis.

Je crains de ne pas être accueilli(e) tel(le) que je suis.

Je crains de ne pas être apprécié(e) tel(le) que je suis.

Je crains de ne pas être respecté(e) tel(le) que je suis.

Je crains de ne pas être écouté(e) tel(le) que je suis.

Je crains de ne pas être entendu(e) tel(le) que je suis.

Je crains de ne pas avoir de place qu'on ne me donne pas ma place.

Je crains de ne pas être soutenu(e).

Je crains d'être dévalorisé(e).

Ainsi, traduisez

Par exemple :

Je n'ai pas confiance en moi

⇒ *je crains de ne pas être accepté(e) tel(le) que je suis.*

Je n'ose jamais me lancer

⇒ *je crains de ne pas être soutenu(e).*

J'ai toujours du mal à aller vers les autres
⇒ *je crains de ne pas être désiré(e)*

Je n'ose pas m'exprimer
⇒ *je crains de ne pas être écouté(e)*
entendu(e)
accepté(e)
respecté(e).

Je n'arrive jamais à savoir ce que je veux
⇒ *je crains de ne pas avoir le droit*
je crains de ne pas être respecté(e) dans mes choix.

Identifier sa peur, permet plus facilement d'en sortir.

Remontez à la cause

Demandez-vous maintenant, ce qui a pu vous faire perdre CONFIANCE, FOI *en vous* ?

Demandez-vous librement, spontanément, ce qui a pu vous faire perdre CONFIANCE, FOI en *QUI* vous êtes ?

Demandez-vous ce qui a pu vous faire perdre CONFIANCE, en votre être *vivant ?*

en votre être *unique* ?

Demandez-vous ce qui a pu vous faire douter d'être accepté(e), reconnu(e), désiré(e), accueilli(e), respecté(e), entendu(e), écouté(e) tel(le) que vous êtes.

Ne vous arrêtez pas à la première idée, à la première image.

Il y en a sûrement d'autres.

Continuez *votre* chemin.

Explorez tous les recoins. Promenez-vous, n'hésitez pas à revenir plusieurs fois aux mêmes endroits. Vous découvrirez toujours quelque chose.

Pour identifier l'origine de vos peurs, posez-vous des questions de plus en plus précises.

- Ai-je été valorisé ?
  Par mes parents ? Mes frères et sœurs ?
  Mes professeurs ?
- Me faisait-on, de temps en temps, des compliments ?
- Me faisait-on beaucoup de reproches ?
- Mes parents étaient-ils très exigeants avec moi ?
  etc.
- Est-ce que je me sentais protégé enfant ?
  Par qui ? père ? mère ? frère ? sœur ? grand-parent ?
- Encouragé ?
  Par qui ?
  etc.

Trouvez votre « garde-fou » !...

Une fois identifié le plus précisément possible ce que vous craignez et les raisons de cette perte de confiance, trouvez votre « garde-fou ». Il vous aidera en situation à vous protéger, à mieux contrôler et dépasser vos peurs.

Par exemple...

Je n'ose jamais prendre de risque

⇒

J'ai aujourd'hui mes propres moyens pour me soutenir...

ou

Je n'ai plus besoin de mon père...

J'ai toujours du mal à aller vers les autres

⇒

Les autres aujourd'hui, ne sont pas mon père (ma mère)

ou

J'ai ma propre valeur

ou

Il n'y a aucune raison pour qu'aujourd'hui on me ridiculise

Je n'arrive jamais à savoir ce que je veux

⇒

J'ai le droit d'avoir/de prendre ma place

ou

Personne aujourd'hui ne peut vraiment m'empêcher de faire ce que je veux…

ou

Je n'ai de compte à rendre qu'à moi…

etc…

La phrase clé sera sensiblement différente pour chacun et selon les situations.
Plus vous aurez identifié finement ce qui vous fait peur, ce que vous craignez, plus votre phrase sera percutante et efficace.

Redécouvrez la FOI en qui vous êtes

Quel que soit votre manque de confiance, la base est de restaurer la FOI en vous, la FOI en *qui vous êtes.*

Laissez venir images, émotions, mots, sentiments, envies, quand vous avez FOI *en vous…*

N'oubliez pas.
Chaque fois que vous manquez de confiance en vous, c'est que vous avez perdu la foi en votre être *vivant* et *unique.*

Avoir confiance en soi

=

Avoir CONFIANCE en son être VIVANT et UNIQUE

=

Avoir la FOI en son être VIVANT et UNIQUE

Changez de façon de penser...

Retrouvez la FOI en ce que vous êtes, ce que vous pouvez, ce que vous voulez.

Quand vous sentez	**Pensez**
Je n'ai pas confiance en moi	**J'ai FOI en moi.**
Je n'ai pas confiance en mon être vivant	**J'ai FOI en mon être vivant.**
Je n'ai pas confiance en mon être unique	**J'ai FOI en mon être unique.**
Je n'ai pas confiance en ce que je suis	**J'ai FOI en ce que je suis.**
Je n'ai pas confiance en ce que je peux	**J'ai FOI en ce que je peux.**
Je n'ai pas confiance en ce que je veux	**J'ai FOI en ce que je veux.**
Je n'ai pas confiance en ma capacité à apprendre	**J'ai FOI en ma capacité à apprendre.**
Je n'ai pas confiance	
en ma capacité à créer	**J'ai FOI en ma capacité à créer.**

etc.

Changez de façon de penser… (suite)

Je n'ose jamais prendre de risque

Je crains de ne pas être soutenu

J'ai CONFIANCE
dans le fait de pouvoir être soutenu

J'ai FOI en ce que je peux

J'ai toujours du mal à aller vers les autres

Je crains de ne pas être désiré

J'ai CONFIANCE
dans le fait de pouvoir être désiré, accepté tel que je suis

J'ai FOI en ce que je suis

Je n'arrive jamais à savoir ce que je veux

Je crains de ne pas avoir le droit…

ou

Je crains de ne pas être respecté dans mes choix

J'ai CONFIANCE
dans le fait de pouvoir avoir ma place

J'ai FOI en ce que je veux

etc.

Confiance !

Nous devrions tous, avoir confiance en nous

Si avoir CONFIANCE *en soi* n'est finalement rien d'autre que d'avoir confiance en *qui* nous sommes, nous devrions tous, avoir confiance *en nous.*

Car, *qui* sommes-nous, finalement, *essentiellement,* d'autre, qu'un être *vivant* et *unique* ?

À la limite, nous ne devrions même pas avoir à nous poser la question du « manque » de CONFIANCE, nous ne devrions même pas l'introduire.

C'est déjà une coupure avec notre Être dans son Essence.

En d'autres termes, nous *nous* trahissons.

D'ailleurs les *bienheureuses* personnes qui ont CONFIANCE en elles, ont du mal à concevoir le « manque » de CONFIANCE.

Pour elles, c'est une sorte de *non-sens.*

Et d'une certaine manière, elles ont raison.

D'une certaine façon, nous *contrarions* notre *nature humaine,* à ne pas avoir CONFIANCE, à ne pas *nous* faire CONFIANCE.

Pourtant, nous manquons tous de confiance en nous

Même si *naturellement* nous devrions donc avoir tous CONFIANCE *en nous,* nous en manquons tous un peu.

En effet, avoir CONFIANCE *en nous,* vraiment, complètement, serait avoir confiance dans la ***totalité de nos possibilités, de nos dimensions*** affectives, émotionnelles sensibles, intellectuelles, créatives, physiques. C'est presque illimité.

Or, même si *idéalement, naturellement,* nous devrions effectivement avoir ***cette*** CONFIANCE, par manque de temps pour tout explorer d'une part, mais surtout par inhibition (qui peut dire qu'il s'est senti absolument, totalement accepté par tous, dans tous les domaines, sur tous les plans, dans toutes nos facettes), nous n'avons jamais totalement confiance en nous.

En un sens tant mieux, sinon, nous ne pourrions pas professer.

Même quand nous pensons « avoir confiance en nous », nous avons en général, confiance dans des domaines connus et reconnus socialement ; réussir professionnellement, avoir une vie affective construite, des relations sociales et amicales.

Mais, sans en avoir conscience, il y a toujours des dimensions, une dimension que nous n'explorons pas, ne nous autorisons pas ou que nous découvrons, beaucoup plus tard, dans la vie, par lucidité, exigence personnelle, rencontres : *créativité, profondeur dans les relations, intuition, authenticité, plaisir, liberté,* etc.

À ce propos, des personnes qui, sur des plans socialement plus reconnus, paraissent manquer de confiance, osent et *en ont* parfois, beaucoup plus que d'autres.

C'est en ce sens, que nous n'avons pas *totalement confiance en nous.*

D'ailleurs, voilà aussi pourquoi, le manque de confiance touche, interpelle tout le monde, même quand « on a confiance » !

Ainsi d'une certaine manière, avoir ***vraiment, totalement*** confiance en soi, est un véritable objectif d'évolution personnelle.

Mais finalement, nous avons tous confiance en nous

Enfin, si nous manquons tous *plus* ou *moins* de confiance *en nous,* nous avons aussi tous CONFIANCE *en nous !*

Paradoxalement, manquer de CONFIANCE, c'est toujours manquer de FOI dans quelque chose dont nous sommes capables, dont nous nous sentons CAPABLES.

Sinon, nous dirions juste : « je n'ai pas », « je ne suis pas »…, mais sans manquer de confiance, comme un constat, puisque nous ne sommes jamais *tout.*

Et puis, nous avons CONFIANCE en nous, pour avoir malgré tout résisté, continué, essayé, avancé…

En ce sens, oui, nous avons tous CONFIANCE.

Composé par Andassa
Achevé d'imprimer : Jouve, Paris